区域创新系统中
创业型大学
的组织行为研究

郜晖 著

首都经济贸易大学出版社

Capital University of Economics and Business Press

·北京·

图书在版编目（CIP）数据

区域创新系统中创业型大学的组织行为研究/郜晖著.
--北京：首都经济贸易大学出版社，2022.9
ISBN 978-7-5638-3388-7

Ⅰ.①区… Ⅱ.①郜… Ⅲ.①高等学校—组织行为—研究 Ⅳ.①G647

中国版本图书馆 CIP 数据核字（2022）第 140898 号

区域创新系统中创业型大学的组织行为研究
QUYU CHUANGXIN XITONG ZHONG CHUANGYEXING DAXUE DE
ZUZHI XINGWEI YANJIU
郜　晖　著

责任编辑　彭伽佳
封面设计　**风得信·阿东**
　　　　　FondesyDesign
出版发行　首都经济贸易大学出版社
地　　址　北京市朝阳区红庙（邮编 100026）
电　　话　（010）65976483　65065761　65071505（传真）
网　　址　http://www.sjmcb.com
E-mail　publish@cueb.edu.cn
经　　销　全国新华书店
照　　排　北京砚祥志远激光照排技术有限公司
印　　刷　北京建宏印刷有限公司
成品尺寸　170 毫米×240 毫米　1/16
字　　数　194 千字
印　　张　10.5
版　　次　2022 年 9 月第 1 版　2022 年 9 月第 1 次印刷
书　　号　ISBN 978-7-5638-3388-7
定　　价　42.00 元

目录
CONTENTS

0 绪 论

0.1 研究缘起

0.1.1 问题的提出

创新是一个民族发展的核心所在，也是一个国家迈向伟大复兴的动力源泉。纵观世界发展史，人类文明的进程都在突破传统，在实践创新中不断向前。创新体现在人类发展进程的各个方面，在科学发现、工程革新领域，创新的突出力量推动着社会先进生产力的形成和发展；思想文化方面的创新，荡涤旧有观念，启迪人类解放；技术方面的创新，引领人类以更便捷、更科学的方式应对世界。透过厚重的历史云烟回望人类发展史，梳理创新对于人类发展和进步所做的贡献，不得不惊叹于创新带给人类的无数次变化和飞跃。创新给人类社会带来了在政治、经济、文化、理念、组织、技术、环境等各个领域的改变，不断地推动和重塑着人类世界。

世界潮流浩荡向前，进入 21 世纪，基于创新的发展模式已经成为推动世界经济发展最主要的动力。创新驱动、创新发展高频出现在世界主要国家的治国发展纲要中。新时代，我国连续发布国家战略报告，创新成为国家持续发展的动能所在。2020 年 9 月，习近平主席主持召开科学家座谈会，就"十四五"时期我国科技事业发展听取意见并发表重要讲话。习近平主席从党和国家事业发展的全局出发，深刻阐述加快科技创新的重大战略意义，勉励广大科学家和科技工作者大力弘扬科学家精神，肩负起历史责任，坚持面向世界科技前沿、面向经济主战场、面向国家重大需求、面向人民生命健康，不断向科学技术的广度和深度进军。当今世界正经历百年未有之大变局，我国发展面临的国内外环境正发生着深刻复杂的变化，我国"十四五"时期以及更长时期的发展对加快科技创新提出了更为迫切的要求。有识之士充分认识到，当前加快科技创新是推动高质量发展的需要，是实现人民高品质生活的需要，是构建新发展格局的需要，是顺利开启全面建设社会主义现代化国家新征程的需要。

从国际来看，世界各国对于国家创新能力的推动同样关注，纷纷将创新提升到推动国家持续发展的高度。从美国总统近年来的国情咨文中我们也能够发现，美国政府始终将创新作为提升美国国家竞争力的核心要素。美国前总统奥巴马曾经在 2016 年发表的国情咨文中深情地讲道，"我们能够用新的思维思考，以新的方式行事。我们巧妙地利用变化，始终将美国的潜力扩展至更广阔的前沿，惠及更多的民众。正缘于此——因为他人眼中的风险在我们看来是机遇——我们变得比以前更强更好"①。他把"发现和创新"视为美国精神，认为创新是"我们作为一个国家所拥有的独一无二的优点"。他还提出美国需要"重燃创新精神，迎接重大挑战"②。创新不仅改变了人类的过去，影响着我们的现在，更在引领和塑造着世界的未来。

创新的世界已经扑面而来，每一个身处其中的个体和组织都无法回避这一历史发展的重要进程。在如此快速的时代变革中，大学不再是社会安静角落中的一片乐土，在创新推进、市场导向越发占据主导的今天，大学开始勃发新的生命力，在不断的创新变革中发生变化。我们可以看到，大学对知识生产、科学技术发展以及产业政策制定的重要性日渐突出。在人类推动科技向前发展、不断创新的过程中，大学和科研机构逐渐成为知识和科学技术创新的核心部门，成为推动社会和区域发展的重要力量。一方面，传统大学的教学、科学研究和社会服务职能得到进一步巩固和扩展，大学教师、研究生参与创新研发，学校与产业界的联系越来越密切，并形成合作互利的关系，共同致力于技术革新，推动产业进步；另一方面，产业技术创新又反过来影响和推动着新知识、科学技术体系的形成，形成技术创新和知识体系发展的双赢局面，催生大学发展的新模式。众所周知，科学的任务在于揭示世界本来存在的内在规律，探求事物的本来面目，技术的根本在于推动产生能够改造客观世界的手段和方法，两者共同的特点在于通过创新有所发现，达到认识和改造事物的目的。创新在科学和技术发展的过程中具有决定性作用，影响着科技成果及时转化为新的社会生产力，最终推动社会经济向前发展。

科学与经济两大领域之间日益紧密的联系，决定了今天的大学不可能像传统型大学那样生存。大学作为知识技术生产、传承和创新的核心机构，其传统的教学、科研、社会服务功能在更大范围和更深层次得到拓展。在社会经济发展和市场需求的选择下，大学加紧与企业的合作，孵化创建科技企业，推进专利技术的转化，开始具备了部分创业功能。

---

① http：//news. xinhuanet. com/world/2016-01-14/c_ 128627997_ 5. htm，2016-02-06.

② http：//news. xinhuanet. com/world/2016-01-14/c_ 128627997_ 5. htm，2016-02-06.

新时代必然对大学提出新的要求。不同类型与层次的大学应有各自的发展路径。部分大学，特别是具备一定研发能力和市场意识的大学应当在推进区域创新系统建设中担任新的角色，承担新的职能，更好地发挥强大的创新辐射作用，有效提升国家和区域的创新能力和竞争力。在此情境下，具有强大知识生产和技术研发能力，兼具强烈的市场意识，重视科技知识转化的新型大学成为新时代高等教育发展的一种崭新模式。学术界将此类大学界定为创业型大学，创业型大学在传统研究型大学发展的基础上，进一步拓展和深化了大学服务社会的职能，直接将大学与提升国家社会经济水平紧密联系起来。

创业型大学的出现使得大学在某种程度上陷入了两难境遇：大学与经济发展形成过于密切的联系，与此伴生的商业文化是否可能对大学传统的教学、科研功能产生侵蚀，创业型大学对产业、对地区经济的发展究竟能够起到多大程度的推进作用，创业型大学在区域创新系统中的行为怎样，如何能够有效地推动区域创新系统的建设等。这些问题都值得进行深入的研究与探讨。

本书将对在区域创新系统中发挥独特作用的创业型大学展开探讨，着力从大学组织行为角度深刻剖析创业型大学在创新驱动下的组织行为，为创业型大学这一新型大学更好地推动区域创新系统建设做出一些有益的探索。

0.1.2　研究背景

0.1.2.1　国家在体制上确立创新驱动发展的战略地位

中华民族是一个勇于突破自我、善于在继承优秀文化的基础上不断创新的民族。从历史发展的脉络来看，我国政府对于创新概念的提出和认同具有一贯性和可持续性。

1988年9月，邓小平同志根据我国当时科学技术发展的趋势和现状，提出了"科学技术是第一生产力"的论断，确立了科技创新在社会发展中的首要地位。

进入21世纪，《国家中长期科学和技术发展规划纲要（2006—2020年）》①（以下简称《纲要》）确定，到2020年，全社会研究开发投入占国内生产总值的比重提高到2.5%以上，力争科技进步贡献率达到60%以上，对外技术依存度降低到30%以下，本国人发明专利年度授权量和国际科学论文被引用数均进入世界前5位。《纲要》指出，2020年，中国科技发展的总体目标是：自主创新能力显著增强，科技促进经济社会发展和保障国家安全的能力显著增强，为全面建设小康社会提供强有力的支撑；基础科学和前沿技术研究综

---

① http：//www.gov.cn/jrzg/2006-02/09/content_ 183787.htm，2015-09-12.

合实力显著增强，取得一批在世界上具有重大影响的科技成果，进入创新型国家行列，为在 21 世纪中叶成为世界科技强国奠定基础。

2012 年党的十八大提出实施创新驱动发展战略，强调科技创新是提高社会生产力和综合国力的战略支撑，必须摆在国家发展全局的核心位置。这是中央在新的发展阶段确立的立足全局、面向全球、聚焦关键、带动整体的国家重大发展战略。

2015 年党的十八届五中全会提出"创新、协调、绿色、开放、共享"的发展理念，将国家发展的基点放在创新上，创新理念成为引领发展的第一动力。2015 年，创新、创业成为中国大地的高频词。2015 年 3 月的政府工作报告提出：将大众创新、万众创业作为未来中国经济的双引擎之一。2015 年 3 月 23 日，国务院出台《中共中央国务院关于深化体制机制改革　加快实施创新驱动发展战略的若干意见》，再次将创新驱动发展提升到了一个国家发展的新高度，作为我国进一步深化改革的战略指导性意见。

2016 年 5 月，中共中央、国务院发布《国家创新驱动发展战略纲要》，召开"科技三会"，提出我国科技创新"三步走"战略目标，即到 2020 年进入创新型国家行列，到 2030 年进入创新型国家前列，到新中国成立 100 年时成为世界科技创新强国。这是党中央面向世界、面向未来、面向现代化做出的重大战略选择，规划了我国以创新支撑和引领现代化建设和中华民族伟大复兴的路径和方案。

2017 年党的十九大报告中"创新"一词出现 50 余次，报告提出创新是引领发展的第一动力，是建设现代化经济体系的战略支撑，并进一步明确了创新在引领经济社会发展中的重要地位。创新驱动已经作为一项基本国策，在新时代中国发展的行程上，将发挥越来越显著的战略支撑作用。

国家从体制和战略高度奏响了创新驱动发展的号角，创新驱动成为国家命运所系的力量。在这样一场全民奋力向前推进国家进步的历史进程中，高等教育不应该成为旁观者，高等教育应当是参与其中的先锋军团，承担起应有的历史使命与责任。

0.1.2.2　创新驱动发展赋予创业型大学参与区域创新系统建设的历史使命

当前，世界各国的经济竞争不再是简单地通过资源积累和资本运作就能够实现。在经济全球化和新技术革命的背景下，科技创新已成为拉动区域经济增长的重要引擎，各国经济竞争逐渐转向依赖自身知识突破、技术的创新和转化能力。这种变化使得大学开始走出象牙塔，从知识的生产者和传承者一跃成为推动社会创新与经济发展的动力源和加油站。

从政策角度，我国政府从一系列的纲要、意见中确立大学在创新区域发展中的战略地位。2005 年全国科技工作会议提出，要完善技术转移机制，促进企业之间、企业与大学和科研院所之间的知识流动和技术转移。国务院于 2005 年 12 月发布的《国家中长期科学和技术发展规划纲要（2006—2020年)》强调发挥高等院校、科研院所和国家高新技术产业开发区在区域创新体系中的重要作用，增强科技创新对区域经济社会发展的支撑力度。大学应当担负起培养拔尖创新人才、培育重大创新成果、实施全球开放发展战略、构建科教融合发展的创新生态系统的重任。大学应该成为区域创新系统的重要支撑环节，成为国家和地区经济发展、社会进步、科技创新的动力源，成为高新科技成果转移和高新科技产业孵化的重要基地，成为国家和地区创新体系中的思想库、知识库、人才库和成果库，成为激发创新思想、传播创新文化、培养创新人才、营造创新环境的中心。2015 年 3 月《中共中央国务院关于深化体制机制改革　加快实施创新驱动发展战略的若干意见》[1] 也确立了"人才、资本、技术、知识自由流动，企业、科研院所、高等学校协同创新"的发展目标。

创业型大学在区域创新系统中的角色以技术创新研究为主，对于知识生产、传承、优化和实践转化，作为国家科技实现跨越式发展的动力源和智力库，发挥了非常重要的作用，在实践中被证明行之有效且效果显著。据教育部科技发展中心统计数据：2014 年，我国共有 138 所高等学校作为第一完成单位或参与完成单位，获得了 2014 年度国家科学技术奖三大奖 180 项，占通用项目总数 254 项的 70.9%。其中，有 86 所高校作为第一完成单位的获奖项目数为 122 项，占授奖总数的 48.0%。[2] 2020 年度国家科学技术奖励中高校创新成果丰硕，2020 年度国家科学技术奖共评选出国家最高科学技术奖 2 人、国家自然科学奖 46 项、国家技术发明奖 61 项、国家科学技术进步奖 157 项，高校（含附属医院）作为第一完成人所在单位或第一完成单位获奖 165 项，占授奖项目总数的 62.5%；作为主要完成人所在单位或主要完成单位获奖 212 项，占授奖项目总数的 80.3%。[3] 大学已经成为区域创新体系中最活跃的因素之一，创新驱动发展赋予大学参与区域创新生态建设的历史使命。

大学要发挥创新资源优势，加大与企业、政府融合的力度，培养和积聚一批优秀创新人才和企业领军人才，研发和转化一批国际领先的科技成果，深度参与区域创新的建设，实现自主创新驱动发展。

---

[1] http：//www.gov.cn/xinwen/2015-03/23/content_ 2837629.htm，2015-06-05.

[2] http：//www.moe.gov.cn/publicfiles/business/htmlfiles/moe/s5987/201501/182919.html，2015-04-02.

[3] https：//baijiahao.baidu.com/s? id=1715583847635356625&wfr=spider&for=pc.2021-11-05.

目前，创新区域建设成为我国城市高新区发展的一大亮点，推动国家高新区的建设和发展则要求高等教育发挥"为区域经济和社会发展服务的历史使命"。以知识创新为基础的经济发展方式要求大学、企业与政府的协同创新，成为国家发展的首选战略模式。大学科技成果的转化收益成为推动区域创新经济发展的主要途径，综合国力的竞争实质上已集中体现为知识创新、技术创新和高新技术产业化的竞争，科技成果产业化程度和速度的竞争。因此，作为承载着知识生产、创新、科学研究与技术转化的核心机构，大学在区域创新生态建设中成为不可或缺的重要推动者。在区域创新生态系统建设的国家发展战略中，大学、企业与政府三位一体，创业型大学在其中大有可为。

0.1.2.3　大学作为创新机构，需要与区域协同融合发展

无论从大学自身发展逻辑还是从社会对大学的期望和要求来讲，大学作为知识传承及知识生产组织，创新是大学的一项重要功能。大学之新在于创新，大学发展的动力也在于创新。大学对于区域发展的创新推动主要体现在三个方面：一是对社会创新人才的培养；二是对科学技术的研发以及新产品的创意设计及引领；三是对社会各领域知识的创新生产。

作为培养和输送创造性人才的核心机构，大学自身的发展离不开与区域的协同融合发展，大学与区域创新生态系统的广泛互动是大学创新的重要实现途径。现代大学早已不再是遗世独立的"象牙塔"，现代大学成为推进国家与社会发展的"动力机构"，大学的发展越来越与区域的经济发展紧密联系，大学的发展推动区域生产要素的全面发展。大学的社会服务功能要求大学的发展与区域发展相联系，利用自身的优势推进区域全面发展，在此过程中，实现大学与社会的共赢发展。大学与区域形成良性互动，大学助推区域的发展，社会进步反哺大学，这一良性互动的实现有赖于构建一个高效、有序的区域创新生态体系。在这一体系中，大学与社会如何互动、大学与社会其他要素如何共生、大学如何在体系中保持其特有的属性，这些都是亟待解决的理论和实践问题。

新增长理论着力解决的是经济科学中一个重要且令人困惑的问题，即增长的根本原因是什么，着重研究经济体系内部力量（如内生技术变化）作用的产物，重视对知识外溢、人力资本投资、研究和开发、收益递增、劳动分工和专业化、边干边学、开放经济和垄断化等新问题的研究。其代表人物罗默将产出划分为消费生产部门、研究与开发部门两个类型，后者是企业的知识积累部门。他认为，知识具有外溢效应，这种外溢不仅形成自我递增效应，而且使物质资本和劳动等其他投入要素也具有递增效应，从而产生无约束的

长期增长。

因此，一个地区能够以一定规模和速度创造出某种性质的新知识，会使这一地区始终处于知识创造的前沿，这也决定了该区域所具备的创新力和核心竞争力。大学作为知识创造的中心，应该成为一个国家或地区的"智库"，成为社会发展的"动力机构"，成为知识和技术创新活动的主体，达到创新知识、培养创新人才的目的，这是大学自身发展的内在需求。

0.2 研究意义

0.2.1 理论层面

第一，深入对创业型大学在区域创新系统中的行为研究，丰富和发展大学与区域创新之间互动问题的研究。

作为研究型大学发展的一个特殊样态，大学和创业精神的融合、创业精神与传统大学文化的融合与冲突等问题在发展过程中凸显出来。创业型大学应该如何选择自身的发展道路，应当建立怎样的办学模式，避免大学的过度商业化和产业化，如何在保持大学自我属性的基础上更好地推动区域创新生态建设，这些问题值得深入研究。

区域创新根本上仍然是一个体制性问题，高效优化的顶层制度设计和政策导向是社会创新行为不可或缺的推动器。创新理论的发展历史并不长，自20世纪初经济学家熊彼特提出技术创新理论，在20世纪50年代，创新理论才得到足够的研究和重视。本书运用三螺旋理论、组织生态理论以及区域创新系统理论，以创业型大学的行为路径为切入点，研究区域创新生态体系建设，探讨创业型大学、企业与政府的互动机制，进一步丰富大学与区域互动问题的研究。

第二，为我国加快创建世界一流大学、推进国家创新驱动发展战略提供理论借鉴。

具有创新创业职能的创业型大学立于世界一流大学的潮头，引领高等教育发展的新趋势。结合区域创新环境建设，探讨研究创业型大学的发展模式、创业型大学组织内外的创新文化衍变、在区域创新生态系统中的行为，进一步探讨创业型大学的发展规律和持续发展途径，这些问题的解释都有助于理解大学新的职能，为探索我国建设世界一流大学、推进国家创新驱动发展战略的实现提供理论依据和理论支撑。

在研究型大学向创业型大学模式转变的过程中，大学遇到了前所未有的冲突与挑战。这些冲突和挑战来自不同的利益群体，有不同文化之间的碰撞。在历经大学模式变化的过程中，会存在多重目标的相互冲突：政府需要大学为解决现实社会问题提供方案，为参与国际竞争提供大量科技成果；企业希望大学培养管理精英、科技专家、技术管理和实践者，希望更多贴合市场需要的科学技术能够尽快转化为可见利益的成果；学生和家长要保证在教育过程中有所收获……创业型大学面对这些变化和利益诉求如何平衡，值得深入研究。

0.2.2 实践层面

第一，有利于推动我国创业型大学建设和发展，为我国研究型大学的发展提供新方向。

与国内有关创业型大学的理论研究处于刚刚起步的阶段不同，国内已有部分研究型大学表现出很大的创业倾向和创新热情。将创业型大学在区域创新生态系统中的行为作为研究主体，深入研究创业型大学创新运行机制，大学与政府、社会及行业发展的互动关系，以及创业型大学发展过程中存在的融合与冲突，为我国研究型大学的创业创新实践提供实证和比较支撑。

深入展开对创业型大学组织、运行中的行为研究，有利于我们探寻创业型大学发展过程中存在的问题，有利于我国研究型大学明确发展方向、承担其促进地区和国家经济发展以及创新生态系统建设的重要任务。

第二，通过国外创业型大学对区域创新生态系统建设的个案和实践研究，为我国创建世界一流大学提供实践参考和借鉴。

在大学的发展进程中，人们对大学职能的认识有一个不断深入的过程。现在的大学越来越明显成为社会关注和促进社会发展的中心，大学的价值得到了延展，它能够解决当今世界的很多问题，能通过人才培养、开展科学研究和拓展社会服务，达到为社会政治、经济、科技及文化发展服务的目的，为国家强大、民族振兴做出应有的贡献。一流大学的发展都是基于国家需要应运而生，大学应抓住地方经济模式转变的关键时刻，在追求学术的同时，积极与当地政府、产业界联合，为地区经济发展做出重要贡献。

现代大学自身的内外部环境越来越复杂，充满了不确定性和动态性。在区域创新生态系统建设中，大学、政府与企业之间的关系日益紧密。大学受政府控制、社会干预以及对政府、企业的依赖程度在同步加强，在与政府和企业的关系博弈中，大学往往处于被动、弱势的地位。在这样的新形势、新背景下，理顺三者的关系，从复杂多变的相互作用中寻找内在规律和发展趋势的需要日益迫切。如何寻找到大学、政府与企业和谐共处、良性互动的关系状态，促成各得其所、共生共荣的关系格局，需要我们在理论上阐述和研究大学在创新生态系统建设中的行为，明确大学、政府和企业间的关系，重新界定、明晰各自的角色。

与国际一流大学相比，我国的高水平大学仍存在很大的差距，因此，找准切入点和突破口，借鉴国外的优秀经验非常重要。深入研究这些大学的发展，对于我国建设一流大学具有很强的实际意义。结合对国外创业型大学区域创新系统建设行为研究的个案，研究大学职能拓展和丰富的途径，为建设具有中国特色的创业型大学发展模式提供借鉴。

第三，对推进区域创新驱动、提升核心竞争力颇具实践意义。

国家创新系统概念的提出进一步深化了人们对科技创新战略协同体的认识。在国家创新系统的建设中，政府、企业、大学和科研机构组成共同体，其核心职能是推动社会的创新和技术进步。

创业型大学具备一定的研发能力，以提升国家和地区的经济发展水平为目标，与企业、地方政府、国家建立起新型关系，更直接地参与研究成果的商业转化活动，成为产业提升和区域创新的参与者与发起者，能够通过技术创新和转移实质性地促进地区的经济发展。在这一层面深入对创业型大学的研究，对于推进国家创新、区域发展、产业转型与提升意义重大。

第四，从实践来看，本书的研究探索将为国家创新体系建设提供一种高效灵活的资源配置模式。

目前，我国正在建设创新型国家，如何增强国家创新能力、提升竞争力，是摆在我们面前的一个重要课题。大学、政府和企业作为推动国家创新体系建设的重要力量，其相互关系及相互作用是改善创新条件的关键。企业作为生产要素，政府作为主体契约关系的制定者和监督者，大学作为知识技术的生产部门，三者关系的处理尤为重要。在知识经济背景下，大学、政府和企业关系的重建正日益成为各国创新系统运行的核心。因此，通过对创业型大学在区域创新生态系统中的行为研究，深入探讨大学、企业与政府三者间的关系，推动构建和谐的合作关系，为区域创新系统提供一种高效灵活的资源配置模式，对推动创新型国家的建设与发展具有重要的实践意义。

0.3 相关概念的界定

0.3.1 创业型大学

从词源来看，"entrepreneurial"是"entrepreneur"的形容词形式，意思为

"着手做，从事"。"entrepreneur"是指"企业家，操作负责企业的人；拥有和管理生意的人；冒险获利或亏损的承担风险的人"（《牛津英语词典》）。

在理论层次上，学界对创业的关注有着长期的历史背景。"企业家"（entrepreneur）一词由18世纪经济学家理查德·坎蒂伦（Richard Cantillon）初创，意为：在寻求机遇的过程中扮演积极承担风险角色的人。18世纪晚期，"企业家"一词的概念进一步丰富，强调具备风险意识，能够积极寻找机会，进行策划、组织、引导并开展生产实践。20世纪30年代，经济学家约瑟夫·熊彼特（Joseph Schumpeter）提出"创造性毁灭"的概念，认为创业应包括创新和发展未曾尝试过的技术，是用相应更好的产品、工序、观念和企业来替代现存的产品、工序、观念和企业的过程。20世纪末，创业概念进一步发展，彼得·德鲁克（Peter Drucker）增加了"使机会最大化的内涵"[1]。"entrepreneurial"一词在很多时候又被译为企业家精神，社会所认同的企业家精神，其特点是鼓励创新、富有创造力、敢于冒险、能够积极寻找机会，与此相联系的市场文化则强调提高销量、扩大市场份额、提高组织的财务稳定性、保证盈利。一定程度上，企业家文化和市场精神紧密相连，蕴含在社会各个创业组织当中。

从产生以来，"创业"一词多用于商界、工业界。20世纪中后期，"创业"一词开始出现在高等教育领域。英国学者迈克尔·夏托克认为，"创业首先意味着在学术上要具有开创精神，而不是指经济上的创业"，"先有教学科研的成功，才有经济的成功，经济效益巩固了学术成果，但不产生学术成果"，"创业意味着统筹全局的管理，各种工作彼此关联，把每一件工作做好就会推动学校整体工作不断向前，从而使学校树立起承担风险和进行新的投资成功的信心"[2]。他认为大学在创业方面的表现"被动赋予型"要比"自我主导型"普遍得多。美国学者伯顿·克拉克则从大学变化的角度谈创业，他认为"创业型是一个含义丰富但是具有针对性的词语，指最可靠地导致现代自力更生和自我驾驭的大学的态度和程序"[3]。

本书将具有一流研发能力、富有创业精神、能够积极将知识技术的更新创造与社会产业紧密联系的研究型大学赋予"创业型大学"的概念，也是基于对"entrepreneurial"一词的深刻理解。

在公众眼中，远离世俗之外的"象牙塔"是大学的别称。象牙塔的内

---

① 玛丽·库尔特. 创业行动［M］. 吴秀云，译. 北京：中国人民大学出版社，2004：21.

② 迈克尔·夏托克. 成功大学的管理之道［M］. 范怡红，黄少杰，译. 北京：北京大学出版社，2006：174.

③ 伯顿·克拉克. 大学的持续变革：创业型大学新案例和新概念［M］. 王承绪，译. 北京：人民教育出版社，2008：9.

涵源自古希腊文明中"知识本身即目的"的理性追求，源自中世纪大学的宗教信仰。在象牙塔中，崇尚理论甚于实践，对人类的终极追求甚于眼前利益。世俗印象中，生活在象牙塔内的教授和学生不食人间烟火，飘离于残酷的社会现实之外。可以看到，部分公众对于大学的认识不乏保守与刻板，这些认识的形成部分源自大学与社会的互动不足，源自大学对社会问题的关注不够。

知识经济对社会发展的意义堪比电的发明对于工业社会的推进意义。[①] 作为后工业经济的主要成果，大学对技术科学、工业政策以及知识生产的重要性日渐突出，大学成为技术科学的中心生产者。在知识研发阶段，大学的教学科研人员、研究生参与研发，越来越多地与产业界一起致力于技术革新，研发的进步创造了新知识，并影响了大学的教育教学和发展走向。

20世纪中后期，欧美等国的大学进行知识生产、创新，开始在此基础上利用知识创新成果引资创办高科技公司，通过企业加速对原创性科技成果的转化，并催生发展新的产业，承担起国家创新和提升区域经济的重要任务。这种变化主要基于部分研究型大学应对时代发展诉求所做出的回应。

大学的服务内容逐渐被解释为有助于国家的财富创造。[②] 教育逐步成为经济政策的附属。面对社会日益提出的新要求，面对产业界和社会需求的变化，部分研究型大学开始萌生出新的社会职能。"这些大学，不再仅仅是提供教育和研究的场所，大学被要求成为区域经济发展和提供就业机会的主要负责者"[③]，创业型大学应运而生。创业型大学成为将知识生产、传承与实践应用紧密联系并融为一体的大学，代表了大学改革与发展的新趋向，在国家和地区经济发展中发挥着更为强大的创新辐射作用。

究竟何为创业型大学？学界对此有很多讨论。20世纪90年代末，美国比较教育学家伯顿·克拉克（Burton R. Clark）首先提出"创业型大学"（entrepreneurial university）这一概念。创业型大学概念的提出是先有实践需要、再到理论构建的实现过程。最初，某些研究型大学适应社会发展变化的需求，在大学发展过程中发生了自身组织对外部环境变化的自适应性变革，

---

① JEN NELLES, TIM VORLEY. Entrepreneurial architecture: a blueprint for entrepreneurial universities [J]. Canadian journal of administrative sciences, 2011 (28): 341-353. Published online 15 December 2010 in Wiley Online Library. wileyonlinelibrary. com. DOI: 10. 1002/CJAS. 186.

② White Paper. Realizing our potential: strategy for science, engineering and technology [M]. London: HMSO.

③ ETZKOWITZ H. Research groups as "quasi-firms"? the invention of the entrepreneurial university [J]. Research policy, 2003, 32 (1): 111.

服务社会职能进一步拓展和深入。人们发现，大学的这种变革理念和变革方向使大学在现实社会活动中备受社会各界的青睐，于是有学者对这部分成功转型大学的特点进行归纳，并赋予其"entrepreneurial university"的名称。学术界对创业型大学内涵的表达都是学者们从不同的研究角度对这类大学特征的归纳。

伯顿·克拉克本人对于创业型大学的认识也经历了渐进的发展过程。伯顿·克拉克认为，"20世纪最后的25年，在不断增长的压力下全球很多大学改变着自己的运作方式。机敏的大学逐渐认识到，它们在保持和改进那些因岁月流逝而变得更加复杂的传统的科研、教学和学生学习领域的同时，必须对政府、工业和社会集团以及急剧增长的新需求做出反应"①。为了适应急速变化的21世纪，大学发展最需要做的事是什么？按照克拉克的研究，答案是"大学必须发展灵活的能力，不再墨守成规，让它们能够以可持续的方式，把新与旧、变革与延续创新编织在一起"②。

学者陈霞玲的研究独辟蹊径，认为创业型大学"在校级层面主观地推动和组织了这种新的知识生产方式，并使其成为大学知识生产的最主要模式"③，这是创业型大学在组织技术上对传统大学的超越。她认为传统意义上的麻省理工、斯坦福等大学并非创业型大学，它们是具有学术创业精神的大学，也进一步分析了创业型大学和具有学术创业精神的研究型大学的特征，认为创业型大学的基本特征是：创业的主体是新兴大学或高等教育体系中的边缘大学；以社会需求为出发点，根据社会发展需要从事研究、发展学科；学校文化单一，即通过创业来追求自身的成功；实行自上而下的公司化经营战略。具有学术创业精神的研究型大学的特征是：功成名就之后所进行的战略转型；以知识为逻辑起点，用大学专有知识为社会服务；多元且松散的组织文化；有组织的无序状态。学者崔艳丽、刘学坤认为，创业型大学是大学提高质量与追求学术成就的一种新模式，是大学在复杂多变和激烈竞争的现代社会环境中建立起来的一种具有高度适应能力的新途径。④

① 伯顿·克拉克．大学的持续变革：创业型大学新案例和新概念［M］．王承绪，译．北京：人民教育出版社，2008.

② 伯顿·克拉克．大学的持续变革：创业型大学新案例和新概念［M］．王承绪，译．北京：人民教育出版社，2008：8.

③ 陈霞玲，马陆亭．创业型大学的兴起与内涵：大学组织技术变迁的视角［J］．大学教育科学，2012，（5）：42-47.

④ 崔艳丽，刘学坤．创业型大学：大学提高质量与追求学术成就的新模式［J］．黑龙江高教研究，2012（11）：51-53.

事物的发展因其变化和不确定性而更加引人入胜。创业型大学的内涵非常丰富，因其不断的发展变化而具有可探讨性。目前，一些研究型大学正在逐步成为社会创新的中心，并不断展示出变化和转型的姿态，体现出创业型大学的新特征。因其不断的发展变化，创业型大学的发展也面临着非常多的不确定性，其内涵界定存在变化无穷的可能性和丰富的可拓展性。

大学自产生以来，其基本职能和属性在不断拓展丰富，并不是冠以某类特定名称的大学就独具其中之一的职能，大学可以兼具各项职能。教学型大学、研究型大学、创业型大学概念的出现，均是对大学基本职能、突出特质的一种判定。在已有的研究中，冠以创业型概念的大学有两种模式：一类是一些新兴的规模较小、处于高等教育生存系统边缘的大学，为解决大学的资金和生存问题，以社会需求为基本出发点，希望通过创业成功解决大学的实际问题；另一类是基于大学强大的研发职能，对社会需求进行积极回应，加强知识技术创新生产与产业联系的大学。

基于已有的研究和讨论，本书所探讨的"创业型大学"是具有强大的科技研发能力，承担推进经济发展的社会使命，以技术转移办公室、跨学科研究中心、科技园、衍生企业等创业型组织为载体，将知识技术创新与产业发展紧密联系，关注将最新的科技知识转化为社会实际效益的大学。

0.3.2　区域创新系统

《国家中长期科学和技术发展规划纲要（2006—2020年）》提出要建设"各具特色和优势"的区域创新体系，那么，究竟什么是区域创新系统呢？

1992年，英国学者库克教授（Philip Nicholas Cooke）首先提出了区域创新系统的概念，并对区域创新系统进行了较全面的理论与实践研究，开创了区域创新系统研究的先河，其代表作是1996年发表的《区域创新系统：全球化背景下区域政府的作用》。库克面对创新在市场机制中发挥主导作用的现象，将区域内制度、文化、组织等要素连接成动态运行的有效系统，用来解释区域进行系统化创新的能力和潜力。他进一步研究区域对制度、组织等环境的要求，建立创新、区域环境和创新增长之间的有机联系。目前，区域创新系统理论被广泛用于分析区域创新与经济发展之间的关系。

区域创新系统（regional innovation system，RIS）是指由一个区域内参加技术创新和转化的企业、大学及研究机构、中介服务机构以及政府组成，为创造、储备、使用和转让知识、技能和新产品提供交流关系的网络系统。区域创新系统包括主体性要素、资源性要素和环境性要素；呈现网状或者链状结构；其创新要素及其组合必须纳入区域生产体系；具有多样性，受区域内政策、硬件环境以及创新文化等多因素影响；促进资源的有效配置，系统目标是提升区域创新能力，形成竞争优势。

表 0-1　区域创新系统要素

主体性要素	资源性要素	环境性要素	
参与技术创新活动的行为主体：地方政府、企业、科研机构、大学、中介机构	技术创新所需的资金、人力和知识资源	硬环境：科技基础设施	软环境：市场环境、社会历史文化和制度环境

有的学者将区域创新系统分为主体要素、功能要素和环境要素。其中，主体要素包括区域内的企业、大学、科研机构、中介服务机构和政府等；功能要素包括制度创新、技术创新、管理创新和服务创新等；环境要素包括体制、机构、政府或法制调控、基础设施建设和保障条件等。

从创新的不同角度，区域创新系统的构成也有差异。从创新对象来看，区域创新系统由技术创新、制度创新、组织创新和管理创新四个子系统构成。从创新过程来看，区域创新系统包括知识创新系统、技术创新系统、知识扩散系统和知识应用系统四个部分，如图 0-1 所示。

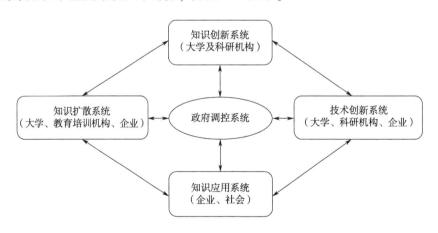

图 0-1　区域创新系统构成

资料来源：张忠东. 大学科技园在区域创新体系中的功能定位及发展对策［D］. 天津：天津大学，2008：10.

以此理论为基础，本书将区域创新生态系统中的创业型大学、政府和企业视为推动系统建设的三个主体性要素，作为系统中创新行为的资源提供、资源运行和保障的主要组织，从系统功能角度重点展开对三者关系、角色定位以及彼此作用的研究。

0.3.3　组织行为

系统内处于主导和参与作用的组织，基于实现个体效用最大化的目标，所进行的所有组织动机和行为都涵盖于"组织行为"概念之中。

组织行为学在科学管理理论、人际关系理论和古典组织理论基础上发展起来，以组织研究的独特视角，对组织中个体的行为取向研究形成了组织行为学的基本研究领域。组织行为学通过系统地研究处于组织中的个体、群体和所形成的组织，获得一定情境中各主体的行为特征，获得关于组织及其运作过程中的复杂、有价值信息，以此进一步深入对组织的认识，实现推动组织成长的目标。

组织行为学的分析主要基于微观、中观和宏观三个层面展开，即组织中的个体、群体和组织：在个体层面，主要关注于个体的认识、知觉、态度和行为动机；在群体层面，主要研究个体怎样相互交流以及在工作中协调互动；在组织层面，将组织作为整体来研究组织的建构形式、在所处环境中的运作方式、组织对处在其中的个体和群体产生怎样的作用和影响等。[①] 组织行为学重点关注的内容在于组织环境，关注外部利益相关者、自然环境、社会的经济文化对组织造成的影响，关注组织及其内部成员对环境变化的预期、改造、管理和反应。组织行为学认为组织环境对其成员的行为有很大影响，组织内部环境受组织所处大环境（所依托的社会体系、经济体系、技术体系和文化体系）的影响。

学界对大学行为的相关研究表明，大学组织行为的基本要素涉及大学的政策、资金、人员、组织建设、管理、服务等多个方面。大学组织行为是指"大学组织及其成员在一定组织结构和环境中，按照一定的行为规范为实现各自的组织角色、目标所做的决策和行动"[②]。大学组织行为体现在大学组织理念变革、组织结构调整、组织资源整合、大学在系统内的互动关系和交往模式等多个方面。大学行为具体表现为政策的制定与执行，技术的生产、创新、转让、使用，资金的运筹和使用，人员的培养、交流、管理，决策的形成和执行，管理的合理化，服务的提供，信息的沟通等。从组织行为学的角度研究大学组织行为，能够进一步深化对大学组织结构、组织资源、组织文化和组织变革，以及大学在系统内角色定位的理解。因此，组织理念的形成，组

---

① 杰拉尔德·格林伯格·罗伯特巴伦.组织行为学［M］.范庭卫，等，译.南京：江苏教育出版社，2005.

② 李卫东.大学组织行为发生机制的理论分析框架［J］.清华大学教育研究，2015，（3）：113.

织结构建设，创新资源的生成，培养创新型人才，设立技术转移、孵化器、科技园等转化机构，培养技术转移能力，做好知识产权经营与保护，选择合适的合作模式与合作伙伴，合理进行合作各方的收益分配等，均是创业型大学在区域创新系统中的行为。

创业型大学在区域创新系统中的组织行为是指：创业型大学在参与区域创新建设过程中，根据自身与区域内企业、政府、社会其他机构之间建立起来的竞争合作关系所采取的一系列活动安排与基本策略。

创业型大学在区域创新系统中的组织行为可以分为内部组织行为和外部组织行为两个维度：内部组织行为主要体现为创业型大学组织理念变化、组织结构的调整和组织资源的整合，其表现形式是创业型大学自身组织行为的变化；外部组织行为主要是创业型大学与区域内政府、企业以及其他机构之间的互动关系、交往模式，其表现形式如创业型大学作为区域创新系统中的创新主体之一，与政府、企业之间的博弈竞争与合作关系、交往模式等。

0.4　相关研究及分析

0.4.1　国外关于创业型大学及其相关领域的研究

创业型大学的概念始于欧美，20 世纪 90 年代至今，欧美大学研究领域对创业型大学的相关专著和研究文献层出不穷，研究内容涉及创业型大学的各个方面。

美国学者伯顿·克拉克（Burton R. Clark）和亨利·埃兹科维茨（Henry Etzkowitz）可谓创业型大学理论的开创者。20 世纪 90 年代，他们几乎同时提出"创业型大学"这个概念，两人研究视角各异，分别系统地研究了欧洲与美国的创业型大学问题：克拉克主要从大学组织系统转变的角度探讨了欧洲五所中小规模具有创业趋向的大学；埃兹科维茨则从大学与产业合作的角度探讨创业型大学的发展。两人的研究成果奠定了学界对创业型大学基本概念和后续研究方向的基础。

0.4.1.1　伯顿·克拉克的相关研究

1998 年，伯顿·克拉克出版专著《建立创业型大学：组织上转型的途径》，提出在欧洲高等教育体系内出现了以市场导向为主的新型大学，他给此类大学一个全新的名称——"创业型大学"。在专著中，他分析了此类大学产生的社会背景，以欧洲五所大学作为案例研究，提出了创业型大学适应社会变化的需求而做出的组织变化和适应途径。20 世纪 90 年代，企业家精神在创业型大学中表现得尤为突出。"在传统的欧洲背景当中，创业型大学是积极寻找摆脱政府严格管制和部门严格标准的地方：它们寻找特殊的组织实体；它们积极地表现出与众不同，哪怕这是一种冒险；它们在市场中寻找机会，有一种坚定的信念，与其冒险单一地保持大学的传统形式与实践，还不如冒险进行一些大学特征的尝试性变革"①。他比较了"创业型"（entrepreneurial）和"创新型"（innovational）两词的使用，认为这两个词是"松散的同义词"。相比而言，"创业型"的概念更具吸引力，该概念的含义比较柔和，能吸引更多的人。由于学术界对于追求利益最大化的"企业家"颇多微词，"创业型"概念的提出可以避免社会上已有的对"企业家精神"所包含的很多消极的含义。克拉克选择"创业型"一词作为其研究的组织概念，"因为它更有力地指向地方上经过深思熟虑的努力，指向导致改变组织姿态的行动。在创业型的旗帜下，能更加适当地集中一些过程，在这一过程中，现代大学能够适度地改革自身"②。

在《建立创业型大学：组织上转型的途径》一书中，伯顿·克拉克以大学转型为主题，选择英国的沃里克大学和斯特拉斯克莱德大学、荷兰的特文特大学、瑞典的恰尔默斯技术大学、芬兰的约恩芬大学等五所各具特色的大学作为研究对象进行案例研究，并提出实现创业型大学转型的五个基本要素，即一个强有力的驾驭核心、一个拓宽的发展外围、一个多元化的资助基地、一个激活的学术心脏地带、一个整合的创业文化。在分析概念、描述校史的基础上，克拉克从大学组织系统转变的角度，探索欧洲创业型大学如何建成其组织转型途径。

进入 21 世纪，伯顿·克拉克继续对创业型大学的发展进行了持续研究。2004 年，他出版了新书《大学的持续变革——创业型大学新案例和新概念》。在这本书中，克拉克继续深入研究原先五所欧洲大学的发展，同样采用案例模式将研究扩展到非洲、拉丁美洲、澳大利亚和北美的创业型大学，研究提炼出创业型大学在实现组织转型过程中的三个关键性问题：大学里哪些组织要素聚合到一起构成了创业型大学的适应性极强的特质？这些构成适应性极强的特质的要素是怎样得到发展的？大学又是如何保持这种适应性极强特质的发展的？③ 克拉克指出，随着创业型取向的增加，大学变得更加个性化，突

① BURTON R. Clark. Creating entrepreneurial university: organizational pathways of transformation [M]. IAU Press, 1998.

② 伯顿·克拉克. 建立创业型大学：组织上转型的途径 [M]. 王承绪，译. 北京：人民教育出版社，2003.

③ 伯顿·克拉克. 大学的持续变革：创业型大学新案例和新概念 [M]. 王承绪，译. 北京：人民教育出版社，2008：导言.

出了对大学内部组织冲突的研究。

0.4.1.2 亨利·埃兹科维茨的相关研究

1995 年，亨利·埃兹科维茨与荷兰学者雷德斯道夫联合出版专著《大学与全球知识经济》，探讨大学的企业化倾向，更多地从大学与产业界合作的角度开展对创业型大学的探讨。1998 年，亨利·埃兹科维茨主编的《资本化知识：工业与学术的新结合部》（*Capitalizing Knowledge：New Intersections of Industry and Academia*）一书出版，他在其中提出了大学"第二次学术革命"的概念，专门探讨了创业型大学。亨利·埃兹科维茨认为，一所创业型大学在社会不同层面承担更为积极的社会角色，加速了大学学术至上理念的转变。在创业型大学里，教师开始用一种新理念来认识自己的教学、科研活动，寻求他们能对经济和社会发展、学生教育和知识进步做出贡献的方式。而且，大学本身在组织与当地其他创新主体进行各种创新计划时起着领导作用，从而变成了区域的创新者和领导者。一所大学，如果在教师、学生和管理者中都具有创业的态度并能在不同层面上积极主动，这样的大学就可以界定为创业型大学，即"经常得到政府政策鼓励的大学及其组成人员对从知识中收获资金的兴趣日益增强，这种兴趣和愿望又加速模糊了学术机构与公司的界限，公司这种组织对知识的兴趣总是与经济应用和回报紧密相连的"[①]。创业型大学将过去的教学、科研、决策咨询使命与促进经济社会发展的新使命结合起来。

2002 年，亨利·埃兹科维茨出版了新的专著《麻省理工学院与创业科学的兴起》。在书中，他以麻省理工学院为案例，将第二次学术革命的概念加以延伸，提出了创业型科学。他对创业型大学内部的学术知识与企业关系加以研究，提出"大学的职能正在经历一次转变，其规模和范围与 19 世纪末 20 世纪初大学将科研和教学结合起来成为其学术使命的第一次学术革命相当。将实验室的发现转化为具有市场价值的产品需要一系列的中间步骤，需要研究者有出售和发表个人研究的意愿。在这种情况下，个人和组织都成为企业家"[②]。

0.4.1.3 国外其他学者有关创业型大学的研究

除上述两位权威学者对于创业型大学的研究之外，欧美学者们还从其他多个角度对创业型大学展开探索研究。

（1）学术资本主义与创业型大学

学术资本主义本质上是指大学内部知识生产和传承活动发生变化，不再

---

① HENRY ETZKOWITZ, ANDREW WEBSTER. Universities and the global knowledge economy ［M］. London，New York：Routledge Press，1995：228.

② 亨利·埃兹科维茨. 麻省理工学院与创业科学的兴起 ［M］. 王孙禹，袁本涛，等，译. 北京：清华大学出版社，2007：17.

追求学术至上的价值理念，大学的科技研发更多地与外部社会经济发展水平、资本投向以及市场需求联系在一起。该现象伴随着政府对大学资金投入的减少、市场机制渗透进入大学运行而产生，其具体行为表现在：学校的教授、学者们开始通过开办公司，开展企业技术咨询服务，充当顾问，获得更充裕的资金完成和丰富自己的研究。大学通过价值创造来实现自己的发展目标，而在此之前，大学主要是依靠政府的资金资助来进行科研项目，在这样的变化背景之下，有学者提出大学和政府之间的关系发生了适应性变化，大学开始像企业那样，对利益的追求有时会超越对于事物本身规律探究的追求，一定程度上会存在为了获得资金而从事各项研究活动的现象。

1999年，希拉·斯劳特和拉里·莱斯利的专著《学术资本主义：政治、政策与创业型大学》出版发行。他们在书中分析了学术资本主义的内涵和对大学发展的影响，从学术与社会需求相结合的角度探讨了创业型大学产生的动力，分析了社会政策在此过程中的影响，认为创业型大学中"大学雇员既被公共部门雇佣又日益独立于公共部门，他们是来自公共部门内部充当资本家的学者；他们是政府资助的企业家"，"为了保持或扩大资源，大学教师不得不去竞争那些与市场紧密联系的研究外部的美元，这些研究明显是应用性的、带有商业属性的、经过策划且目标明确的研究。这些研究经费的获得，通过各种形式的合同、服务合同、技术转让获得资助，形成与产业、政府之间的合作关系"，"我们称这机构的和专业的市场或者为了获得外部金钱的市场似的努力为学术资本主义"[①]。在书中他们表达了对学术资本主义、创业型大学的批判和质疑。

有学者提出"以公共资金资助为主的大学学术群体，在一个竞争的环境当中，通过教学、科研、咨询技术或其他学术知识的应用来发展其学术资本，学术群体的行为与资本家一致，并成为国家所奖励的企业家。因此，他们从好奇与探索奥秘为导向的学术转向了更为实际的工业研究"[②]。从高等教育机构的发展层面理解，学术资本主义认为大学和其他高等教育机构行为受到社会和政府的影响，已不再单纯追求知识传播与探究科学，是一个混合、复杂的经济组织。在学术资本主义概念下，"大学的运作是一个混合的经济体，副校长的角色已经成为大学的主要执行官，必须对董事会或大学的委员会负责，也必须承受精简和管理者压力，结果造成大学教育不再那么强调集体与民主，

① 希拉·斯劳特，拉里·莱斯利. 学术资本主义：政治、政策和创业型大学 [M]. 梁骁，黎丽，译. 北京：北京大学出版社，2008：11.

② ROSEMARY DEEN. Globalization, new managerialism, academia capitalism and entrepreneurialism in university: is the local Dimension still important? [J]. Comparative education, 2001 (37).

而强调机构与个体的竞争的模式"①。

（2）创业型大学形成的外部条件研究

知识经济时代为创业型大学提供了基本的发展环境，21世纪的高等教育改革必须面对知识社会中的各种复杂挑战，这也是创业型大学兴盛的主要原因。有学者这样描绘大学发展所面临的复杂变化：日益具有不确定性的生存环境，高等教育系统需求的分化，公众对高等教育需求的增长，科学研究的全球化，社会对大学期望的变化，知识生产和传承的分离，大学与产业、与社会经济发展的紧密联系等。有学者用"变化着的大学社会地位，变化着的学生、大学和学习市场，变化着的知识形式，变化着的研究活动的本质，变化着的传递课程计划的方法，变化着的学术地位"② 几个变化形象地总结了创业型大学形成的外部环境特征。

部分研究型大学朝着创业型大学发展演进的过程中，外部驱动力的复杂性越发突出。有学者研究认为，创业型大学发展外部驱动力主要有政府公共政策、政府对高校的评价、技术革命对大学的需要及额外研究经费的需求四个方面。

此外，伴随着高等教育的普及和学习型社会的建设，高等教育的学生需求呈现多样化特点，学生多样化的需求就需要相对应的更为灵活的高等教育机构来满足。"创业型大学的生存之道来自它们与不断变化的社会需要齐头并进的能力，即它们满足各种特定教育和培训的需要，从而满足了学生和雇主双方的需求"③。

（3）企业家精神与创业型大学

大学与企业家精神的结合源自大学内部对于提高效率、促进发展的内生动力需求，源自社会经济发展对大学提出的新要求，两者相互作用，共同推动形成了具有企业家精神的大学。在一些研究中，学者以"公司文化"作为切入点进行研究。美国学者埃里克·古尔德的《公司文化中的大学》（*The University in Corporate Culture*）一书详细论述了公司文化在大学各个部门的渗透，提出公司文化之所以能够在大学内部存在，其基础是大学的知识技术生产所产生的价值具有市场需求，并为市场所左右。他在书中谈到"高等教育

① DEANNA DE ZILWA. Using entrepreneurial acivities as a means of survival: investigating the processes used by Australian Universities to diversity their revenue streams [J]. Higher Education, 2005 (50): 387-411.

② JARVIS PETER. University and corporate university: the higher learning industry in global society [M]. Routledge, 2001.

③ OLEKSIYENKO, ANATOLY. The entrepreneurial response of public universities, Canadian society for the study of higher education [R]. ERIC, 2002.

对于社会发展是必不可缺少的，教育是一个工业化地区经济发展的工具，但高等教育的扩张将导致各大学资源不足，因此高等教育逐渐朝向对学生收取学费、成立私有化高等教育机构、吸引外国学生，由雇主偿还教育成本，与产业界合作，大学朝向公司化、法人化发展，以改变社会与学校之间的关系"①。

创业型大学的萌生以及大学中存在的创业行为反映了大学对自身环境适应性的变革。大学基于早已存在的教学、科学研究和社会服务职能基础，基于社会经济发展需求进一步拓展了创业行为。"大学与商业文化的联系并非完全不合时宜，曾经主要依赖政府财政支持的大学在逐步找到一条使自己在财政上自立的途径，这种自我发展的途径需要成功商业运作模式的支撑。在基本事实已经存在、对此认识逐步深化的基础上，更突出的企业精神在大学中发展开来"②。

（4）有关创业型大学中价值冲突的研究

很多专著与文章中都会提到在研究型大学转型发展的过程中，均存在商业文化与学术文化两种价值体系的冲突问题。在已有研究中，有关组织价值的冲突主要有几类观点：一种比较消极，认为大学中的企业精神会导致大学丧失学术自治；另一种积极的观点认为，大学应当承担社会赋予的责任，不能逃避市场化，"公司文化给现代社会中最不讲效率的组织——大学注入了强心剂"；还有比较折中的观点则认为，在大学拥有了企业一般的行为与外部特征的时候，人们印象中的大学从"象牙塔"变成了"企业"。

2000年，西蒙·马杰森和马克·康纳斯登出版专著《创业型大学：在澳大利亚的权力、管理和重新发现》，介绍了创业型大学在权力和管理博弈中所存在的价值冲突及相应的管理模式。书中以案例形式提到了一个大学从学院主义转向管理主义的决策模式，"几乎所有的受访者都对由那些'上帝教授'们颁发荣誉和地位的传统学术委员会的让位感到欢呼"③。大学教师们宁愿接受由商业市场文化主导的大学管理模式，也不愿受传统的学术等级与地位阶层控制的学术至上的管理模式。随后，他们也表达了对创业型大学中存在的市场文化的忧虑："一方面，大学的智力资源通过与产业市场的联系而获得成功，大学可以得到很好的激励；另一方面，学术性成就完全由美元衡量也有切实的危险。大学对于某一个教授当选为科学院院士所感受的惊喜还不如某

① 埃里克·古尔德. 公司文化中的大学 [M]. 吕博，张鹿，译. 北京：北京大学出版社，2005.

② BARRY J CHAMBERS. The American university in Bulgaria as an entrepreneurial university [J]. Higher education in Europe, 1999（24）.

③ 西蒙·马金森，马克·康西丹. 澳大利亚企业型大学的权力结构、管理模式与再创造方式 [M]. 周心红，译. 杭州：浙江大学出版社，2007：69.

个教授从医药公司得到了一百万美元所产生的惊喜"①。两位学者对创业型大学的发展趋势、内在驱动力与发展中存在的矛盾冲突做了较为深入的研究，成为对创业型大学国别研究中的典型。

此外，对于创业型大学的出现，国外有学者提出不同的声音。斯坦利·阿罗诺维兹（Stanley Aronowitz）在其著作《知识工厂——废除企业型大学并创建真正的高等教育》中提出了大学逐步沦为知识工厂的危险。他认为，教育中固定的行政机构的形成，是现在将教师、学生同教育领导者分隔形成鸿沟的关键所在，这种分割导致了企业型大学的发展。他的研究指出，曾经的隐形课程——高等教育服从于资本的需求——已经成为公立和私立大学一个公共的、坦白的政策。他引用世纪之交评论家托斯丹·凡勃伦（Thorstein Veblen）的话，"这些大学已经远离从事公正教育的'更高层次的学习'，它们的建立是为了服务企业和既得利益，今天的高等教育领导人自豪地佩戴着企业服务人员的徽章"②。大学开始学着用公司、企业的术语来表示，学生成为"主要的顾客"，大学不断提升的运转经费成为"上升的成本"，因为经费困难的困扰，各阶层的高等教育管理者确信"拯救学校的方法是建立与商业更密切的关系"，他批评"有些大学变成了生意场所，雇佣成千上万的人，收取百万计的学费，从政府和私人机构获得科研拨款，个别大学还筹集了数十亿的捐赠。在一些城市和城镇，本地的私立大学或学院是当地最大的地主"③。他在书中提出真正的高等教育指的是"学生在那里可以广泛地和批判性地接触到西方知识传统的遗产，以及南半球和东方的遗产"，并喊出了"废除企业型大学"的口号。④

（5）有关大学、政府和产业关系的研究

政府与大学的关系问题既是影响高等教育发展质量的核心因素之一，也是促进社会经济发展的重要环节。大学与政府的关系在各国的高等教育管理体制中得到了明确的体现。

美国主要采取自由分散型的高等教育运行体制，各种社会力量根据自身意愿和需求方式支配着高等教育的运行。美国的教育管理体系中，政府的作

---

① 西蒙·马金森，马克·康西丹. 澳大利亚企业型大学的权力结构、管理模式与再创造方式 [M]. 周心红，译. 杭州：浙江大学出版社，2007：145.

② 斯坦利·阿罗诺维兹. 知识工厂：废除企业型大学并创建真正的高等教育 [M]. 周敬敬，郑跃平，译. 北京：高等教育出版社，2012：15.

③ 斯坦利·阿罗诺维兹. 知识工厂：废除企业型大学并创建真正的高等教育 [M]. 周敬敬，郑跃平，译. 北京：高等教育出版社，2012：32.

④ 斯坦利·阿罗诺维兹. 知识工厂：废除企业型大学并创建真正的高等教育 [M]. 周敬敬，郑跃平，译. 北京：高等教育出版社，2012：80.

用主要是制定相关的法律法规，协调和规范学校与公众、企业之间的关系，保证学生和公众的最终利益。政府的行动主要是配合市场来开展，同时保护合法的竞争不受到伤害，而市场能够反映社会多元化的需要，同时也可以创造更为多元化的需要和供给。市场和公众的选择决定着教育发展的走向和水平，社会发挥着更为重要和根本的作用。在美国教育领域中引入市场竞争，公立、私立学校彼此之间相互竞争，被美国公众认为是推动教育发展最为有效的机制，充分的竞争能够推动学校教学质量的提升，加强教育供给的多元化，为家长提供多样化的选择。为满足当地社区和学生的需要，各种各样的学校在美国自由生长起来。在市场调节下，国家教育的多样性在地方大学的多样性和自主性中得到了充分体现。美国高等教育的管理和决策权力不在联邦政府，而由地方政府和社会其他集团掌控，高等教育资源配置多样，大学行为的市场性相对突出。

随着大学与社会联系越来越紧密，大学与社会接轨的程度日益深入，大学自身也在此过程中不断发展。现代大学在自身的发展中逐渐形成了规模庞大、结构复杂的特点，需要大量的经费投入才能保障其正常运行。大学具备了为政府解决各类问题的能力，大学与政府之间的关系日益密切。作为公共机构的政府及准公共机构的大学，二者自身存在的固有不足在彼此的互动合作中逐渐磨合缓解。

博克在谈到研究型大学与社区的关系时曾经指出："我们不知道一个没有大学的城市会更富有还是更贫穷，因为谁也无法预知一个没有像大学这样的大机构存在的社区会是怎样的一种情况。但是我们相信，相对来说，很少有其他方式可以像大学那样给一个城市带来如此大的经济效益。"[①]

0.4.2　国内关于创业型大学及其相关领域的研究

国内有关创业型大学的研究起步较晚，进入21世纪，国内对于创业型大学的研究呈上升趋势，日趋成为热点研究领域，涉及创业型大学的内涵、特征、组织转型与发展、运行机制、大学与区域经济的关系、成功因素分析等多个方面。

通过对相关文献的整理分析，可以理清我国目前对创业型大学的研究情况。我国相关研究多从理论探讨、比较借鉴以及建设实践参考等几个层面进行。

---

① 德里克·博克. 走出象牙塔：现代大学的社会责任［M］. 陈军, 徐小洲, 译. 杭州：浙江教育出版社, 2001：252.

0.4.2.1 理论探讨视角

我国学者从创业型大学的组织转型、大学理念、特征、制度变迁等角度对创业型大学进行理论探讨和架构。《创业型大学：美国研究型大学模式变革研究》（王雁，2005）通过对美国研究型大学模式变革的深入研究，界定了"创业型大学"的概念，并揭示了它的实质与内涵；分析了创业型大学的教学、研究与创业的职能体系；探讨了创业型大学的组织与运行机制，实证分析得出创业型大学的典型特征及基准。① 《国外创业型大学的理论研究》（张金萍，2008）针对国外创业型大学的理论发展进行研究，并初步概括总结了创业型大学的基本特征。② 《国外创业型大学特征及成功因素分析》（许晓云，2010）③、《创业型大学——一个新的大学理念之践履》（王梅，2011）④ 等都属于理论构建研究。《基于知识溢出的区域性大学发展研究》（田华，2010）基于知识溢出的视角，对区域性大学衍生知识产出形态展开研究，提出大学发展经历了从"知识仓库"到"知识工厂"，再到"知识中枢"的模态演变。⑤ 李建军在《硅谷模式及其产学创新体制》一文中主要从技术创新体制构建的角度来研究和思考硅谷现象和硅谷模式，以问题意识和整体思维作为研究基点展开相关研究，从解决问题和建立体制出发，为中国的高技术产业创新提供借鉴。⑥

0.4.2.2 比较借鉴视角

从国际比较的视角借鉴国外经验是我国目前创业型大学研究的主要方面。我国多位学者从比较借鉴的视角对国内外创业型大学的发展展开研究。2008年，温正胞在题为《创业型大学：比较与启示》的报告中从比较研究的角度出发，对近年来在欧美国家中出现的创业型大学进行理论分析，并提出可供我国高等教育改革借鉴的启示。报告提出，创业型大学是大学内部知识性质转型与外部生存环境变革的必然产物，市场化生存对大学创业意愿的牵引使得创业型大学从高等教育系统中脱颖而出，与学术资本主义一起，构成了创业型大学的合法性基础，并开创性地提出大学中特有的"学术创业精神"是高等教育走出象牙塔之后形成的继教学与研究文化之后的第三种文化。⑦ 《创业型大学——斯坦福大学办学模式变革研究》一文在界定了创业型大学的内

① 王雁. 创业型大学：美国研究型大学模式变革研究 [D]. 杭州：浙江大学，2005.
② 张金萍. 国外创业型大学的理论研究 [D]. 北京：首都师范大学，2008.
③ 许晓云. 国外创业型大学特征及成功因素分析 [D]. 武汉：华中师范大学，2010.
④ 王梅. 创业型大学：一个新的大学理念之践履 [D]. 兰州：兰州大学，2011.
⑤ 田华. 基于知识溢出的区域性大学发展研究 [D]. 杭州：浙江大学，2010.
⑥ 李建军. 硅谷模式及其产学创新体制 [D]. 北京：中国人民大学，2010.
⑦ 温正胞. 创业型大学：比较与启示 [D]. 上海：华东师范大学，2008.

涵之后，考察斯坦福大学向创业型大学变革的背景和过程，对斯坦福大学的内部变革进行分析，借助伯顿·克拉克的观点剖析其转型途径，在此基础上阐明变革对斯坦福大学的积极影响，最终指明斯坦福大学的成功对我国研究型大学的启示和借鉴。① 2008 年，彭绪梅《创业型大学的兴起与发展研究》一文研究分析了创业型大学兴起的内、外动因，阐述了创业型大学的内涵及特征，分析了创业型大学与其他类型大学之间的区别与联系；并在分析欧、美创业型大学发展模式的基础上，论证了我国研究型大学向创业型大学转型方面存在的优势；结合国内高校与国外创业型大学的对比分析，阐述了创业型大学发展的必要和可行性。② 王雁在《创业型大学：美国研究型大学模式变革研究》一文中，围绕创业型大学的"创业"这一显著特征，对创业型大学从历史、环境、流程、机制、结构、功能等方面进行了系统而深入的探讨，并通过比较分析对我国 985 高校提出了发展改革的政策建议③。此外，还有学者对欧洲、澳大利亚、中东、俄罗斯等国家或地区的创业型大学展开介绍，以期为我国研究型大学的转型提供借鉴研究。

0.4.2.3　建设实践参考视角

国内有不少学者从为我国建设实践提供参考的视角展开研究。张鹏、宣勇在《创业型大学学术运行机制的构建》一文中将创业型大学定位为现代大学发展过程中出现的一种类型，认为创业型大学有自身的办学特征，即将知识资源转化为知识资本，进而获得大学发展的动能。创业型大学强调组织柔性的实现与知识生产效率的提高，创业型大学在学术运行机制方面应围绕学科、任务和平台展开，构建基于学科、任务和资源的矩阵型组织结构。④《建立创业型大学：管理上转型的路径》是一项有关华中科技大学应对变化的环境而进行路径变革的案例研究，该研究通过华中科技大学应对环境变化的特有策略以及解释为什么在中国特有的文化传统中是此种反应方式，从一个侧面折射出中国大学应对学术资本主义的主要反应方式。该文通过开展对国内大学的案例研究促进国际交流和对中国大学特有发展方式的理解，为我国高校发展提供决策参考。⑤

此外，国内还有部分学者从高职教育、继续教育、民办高校发展等角度，探讨研究国外创业型大学对于国内的启示。

①　李莉莉. 创业型大学：斯坦福大学办学模式变革研究 [D]. 长春：吉林大学，2009.

②　彭绪梅. 创业型大学的兴起与发展研究 [D]. 大连：大连理工大学，2008.

③　王雁. 创业型大学：美国研究型大学模式变革研究 [D]. 杭州：浙江大学，2005.

④　张鹏，宣勇. 创业型大学学术运行机制的构建 [J]. 教育发展研究，2011（09）：30-34.

⑤　刘叶. 建立创业型大学：管理上转型的路径 [D]. 武汉：华中科技大学，2010.

0.4.2.4 国内其他相关研究

2001 年，洪成文在《企业家精神与沃里克大学的崛起》一文中以沃里克大学为例，研究了企业家精神对大学创业行为产生的影响。[①] 2003 年，吴志兰、曾晓东在《企业家精神引入美国大学路径探析》一文中分析了企业家精神引入美国大学的路径，提出企业家精神对大学适应性提高所发挥的潜在影响力。[②]

在大学技术转移方面，我国学者也进行了很多相关研究。2002 年，王新平在《大学在国家技术转移系统中的地位和作用》一文中阐述了大学技术转移的内涵、国家技术转移系统的构成以及大学的独特作用，并在此基础上提出了政策建议。[③]《美国高等院校技术转移的成功经验初探》一文指出，美国高等院校技术转移的成功经验主要有创办大学研究园区，建立高科技企业群；设立高新技术咨询中心，为企业发展提供咨询服务；建立企业孵化器，培育和扶持新建的高新技术企业；建立技术转让办公室，推动科研技术成果转化；建立产业合作中心，协调、推进大学与产业界的合作；充分利用专利制度，促进高校技术转移；鼓励师生以技术专利入股的形式创办高技术企业；鼓励学科交叉与渗透，加速科研成果的产出步伐等八个方面。[④] 何建坤的《论研究型大学的技术转移》、庞青山的《高校科技成果转化的阻滞因素及对策研究》、雷朝滋的《中外大学技术转移比较》等文章就大学在技术转移中的作用、地位、经验及公共政策展开了研究。

有关产学研合作方面的研究内容非常丰富，有学者提出高校产学研的十种合作模式：一体化模式、高科技园模式、共用模式、中心模式、工程模式、无形学院模式、项目组模式、包揽模式、政府计划模式、战略联盟模式。刘力就英、美、德、日等发达国家政府对提升本国国际竞争力而制定的发展战略及应对措施，从政府的角度考察剖析了发达国家产学研合作的成功经验。[⑤]

还有不少学者从大学、政府、企业三者的关系出发，研究高校的地位、作用、运作机制等。谷贤林在《在自治和问责之间：美国公立研究型大学与州政府的关系》一文中指出：一些公立研究型大学正在通过降低州政府拨款

---

① 洪成文. 企业家精神与沃里克大学的崛起 [J]. 比较教育研究，2001（02）：44-49.

② 吴志兰，曾晓东. 企业家精神引入美国大学路径探析 [J]. 比较教育研究，2003（12）：20-24.

③ 王新平. 大学在国家技术转移系统中的地位和作用 [J]. 科技进步与对策，2002（10）：98-99.

④ 易红郡. 美国高等院校技术转移的成功经验初探 [J]. 比较教育研究，2002（02）：27-31.

⑤ 刘力. 政府在产学研合作中的作用透视：发达国家成功的经验 [J]. 教育发展研究，2002（1，2）：70-73，48-51.

的方式，以摆脱政府的控制，维护自己的独立。①

通过对美国研究型大学与城市经济发展关系的研究，郄海霞指出：大学为城市产业结构的调整和优化提供了智力支持，在知识、技术和人才方面为城市产业组织提供保障，成为新兴产业的智力源和城市经济的发动机。大学通过人才培养、科学研究、技术转让等方式成功地将学术性知识和研究创新从实验室带入市场，将抽象的理论用于解决城市社会的现实问题，大大推动了城市经济的发展。尤其是研究型大学，在城市经济和产业发展中发挥了龙头和表率作用，几乎成为所在城市经济的主要创收来源。大学和产业之间的创新模式既承认传统模式的作用，又将技术转让的内涵和外延进一步扩大，主张大学与产业界建立双向联系，形成共同的技术市场，通过技术推广服务、合作研究、创建非营利性组织、孵化器和科技园等多种方式将大学的新知识、新技术应用到产业部门。这种创新模式强调大学与政府、产业部门建立多种联系，是一种更加综合的技术转让模式。通过展开对美国研究型大学与城市发展的研究，她肯定了美国研究型大学在推动城市发展过程中所起到的作用，认为在城市产业发展，为企业提供知识源泉、人力资源、开展技术转化提升企业生产效益等方面产生了高校集聚效应。②

大学是知识生产系统的重要主体，企业是经济生产系统的基本单位，它们之间的紧密合作成为进行技术创新必不可少的条件，两者的关系实质上是资源交换的关系。有学者研究指出：从理论上讲，产学研合作过程中，不确定性和变革推动产生创新，创造高收益，认为变革和不确定性成为产学研合作最为旺盛的动力之源。产学研合作实质上是一种以知识流动为特征的交易活动。产学研合作模式一般有专利许可和技术转让、合作（委托）研发、合办企业、建设科技工业园区和企业孵化器等。产学研合作的模式将随着知识经济的发展不断变化，但无论哪种合作模式，都可以视为一种彼此达成的交易契约。③

在市场经济中，政府扮演着制定政策、搭建平台、维护市场运行秩序的角色，政府在经济方面的宏观目标可以归纳为保持经济增长、促进就业、维持物价稳定和平衡国际收支。政府实现这些目标要通过一定的手段，产业是介于政府和基础经济个体之间的一个重要变量，政府通过其对产业的影响实

① 谷贤林.在自治和问责之间：美国公立研究型大学与州政府的关系 [J].比较教育研究，2007（10）：42-45.

② 郄海霞.美国研究型大学对城市经济和产业的贡献 [J].清华大学教育研究，2007，（12）：70-79.

③ 刘力.产学研合作的交易成本和动力机制：一种新制度经济学的分析 [J].当代教育论坛，2005，（03）：15-17.

现各种经济目标；产业在形成、发展、成熟的过程中，每个阶段都需要政府在政策、资金等方面的支持。政府和产业的关系主要表现为政府制定产业政策、引导产业发展，而产业通过影响政府的政策制定来推动有利于自身的政策出台。

对于大学组织中的权力、价值冲突方面的研究，我国学者近几年也有涉足。2007 年，王英杰在《大学学术权力和行政权力冲突解析——一个文化的视角》一文中透过文化的视角，着力分析存在于大学中的学术权力和行政权力，分析彼此产生冲突的原因，全面解析大学中学术文化和行政文化的差异，以美国院校为样本说明两种文化冲突在大学中造成的误解与敌意，文中还指出大学校长在协调两种文化、建设和谐大学文化中的职责和重要作用。① 童蕊从学科建设的角度，基于新制度主义对制度的解释，认为大学跨学科学术组织的学科文化冲突主要表现在学科文化信念和价值观方面，如学者价值观的不同、学科文化认同度迥异、学科话语权的争夺等，提出要消弭学科文化冲突，需要重构行动者的学科文化信念和行动情境，规整学者行动。②

0.4.3 相关研究分析

通过对国内外相关文献的整理发现，大量的已有研究文献为进一步研究创业型大学奠定了良好的基础。学界基本形成了对创业型大学内涵和基本特征的认识，形成了较为成熟的研究理论，对创业型大学的发展模式及内在动因的分析都比较丰富。在创业型大学的建设和发展研究中，国外的研究多从大学模式转型、大学与政府及产业之间的互动关系、三螺旋理论及实践探讨等方面进行分析研究，多以案例的形式试图探讨和解决某些院校在路径转型，为社区、地区和政府服务过程中产生的实际问题。最近几年国内对创业型大学研究渐热，研究多集中在研究型大学转型、创业型人才培养、三螺旋理论以及高校技术转移等方面，这与我国提出建设创新型国家、建成世界一流大学的国家发展战略密切相关。对三螺旋理论的研究则体现了对政府、大学和产业关系的深入研究。

同样，对创业型大学的研究存在进一步拓展和深入的空间：

第一，从组织行为学的角度研究创业型大学的内部组织架构和运行机制，对其在区域创新系统中应有的角色定位，以及创业型大学作为区域创新主体，

---

① 王英杰. 大学学术权力和行政权力冲突解析：一个文化的视角 [J]. 北京大学教育评论，2007，5（01）：55-64.

② 童蕊. 大学跨学科学术组织的学科文化冲突分析：基于组织分析的新制度主义视角 [J]. 教育发展研究，2011：13-14，82-87.

创业型大学和政府、企业之间的关系等内容进行深入探讨与研究。

第二，很多研究对创业型大学在推动区域创新生态建设中的行为和运行机制有涉及，但研究深度和广度均有所欠缺。从区域创新系统建设的视角深入探求创业型大学的组织行为研究鲜见，本书希望能够在这些方面做出努力和尝试，并在此基础上，依托组织生态理论，为架构协同共生的区域创新生态系统提供新的研究视角和参考。

0.5 理论支撑

0.5.1 三螺旋理论

三螺旋的概念最早出现在生物学领域，受 DNA 双螺旋结构的启发而产生。20 世纪 50 年代，生物学界首先提出三螺旋概念，相较于双螺旋理论，三螺旋中所含的因素、彼此间的关系更为复杂，能够解释以互补的形式在环境中保持稳定的问题。生物在适应环境的同时也在不断选择、创造和改变它们所处的环境，基因、生物体和环境三者如同缠绕在一起的三条螺旋，彼此相互影响、相互作用。三螺旋概念出现后，被用于很多领域来解释更为复杂的因素关系。

三螺旋理论在高等教育领域的应用最早由美国学者亨利·埃兹科维茨提出，已成为当代学界分析大学、产业与政府三者关系的主流理论之一。

20 世纪 90 年代，美国学者亨利·埃兹科维茨和雷得斯道夫引入三螺旋思想，创设模型来分析研究型大学、产业和政府三者的关系，进一步发展形成了三螺旋理论。《大学与全球知识经济：大学—产业—政府关系的三重螺旋》《三螺旋——大学、产业、政府关系：以知识为基础的经济发展实验室》两书的出版标志着三螺旋理论的诞生。利用类似 DNA 基因组合，由大学、产业和政府三方以经济发展需求为纽带，彼此联系，相互交叉作用，形成螺旋形上升，推动整体发展的创新模型，解释了在知识资本化过程中不同创新机构间的复杂关系。

三螺旋关系存在的基础来源于开放社会，鼓励社会主要机构自由组织，开展群体性的创新活动。只有在开放自由的社会氛围中，社会相关机构才可能在彼此的相互作用中迸发出推动社会向前的动力。三螺旋的主要论点认为：在以知识为基础的社会，大学、产业和政府是三螺旋的重要组成部分，大学是新知识技术的来源，成为重要的生产力要素；企业是进行知识、技术转化为产品的生产和加工场所；政府负责联系形成大学、企业、政府三者之间的契约关系，形成协同发展的态势。亨利·埃兹科维茨和雷得斯道夫提出了在不同国家、社会环境和历史条件下，大学、产业和政府之间会产生三种不同的三螺旋模式。

0.5.1.1 国家干预模式

在国家干预模式（如图 0-2 所示）中，强有力的中央政府来连接组织三者，该模式下大学是远离产业的教育机构。例如，苏联、法国以及众多拉美国家都属于此模式。在欧洲，该模式具体表现在某些大型公司在特殊领域为政府服务，是特定领域的权威，政府出台政策对这些企业予以支持，大学是为社会培养和提供人才的核心机构。部分国家在紧急时刻也会启动该模式，第二次世界大战期间，美国根据需要进行战略布局和调整，大学和产业均处于为政府服务的位置。

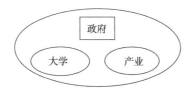

图 0-2　国家干预模式

资料来源：亨利·埃兹科维茨. 三螺旋：大学·产业·政府三元一体的创新战略 ［M］. 周春彦，译. 北京：东方出版社，2005：5.

在国家干预模式下，国家调动创新主体的主动性能力小，对创新行为的鼓励远远低于其所受到的限制。此模式是一种不发达的模式，很多学者认为这是一种失败的创新发展模式。

0.5.1.2 自由放任模式

自由放任模式主要出现于 20 世纪 80 年代之前的美国。在自由放任模式下，大学是培养人才和开展基础研究的机构；产业自我运行，它与大学之间仅仅是从大学中寻找对企业有帮助的知识和技术，企业之间存在竞争关系；政府在大学和企业之间的协调作用有限（见图 0-3），在一般领域中，公众只希望市场调节不力的情况下政府再发挥作用。

自由放任模式下，大学、产业和政府在各自领域内运行，没有特别密切的联系，彼此之间保持有限的相互作用。这些机构之间发生关联时，会通过中介组织进行沟通，模糊彼此的边界。在美国曾经产生过研究公司（research corporation），属于独立存在于大学和产业界的非营利组织，它负责将大学里能够获得专利的研究与能够转化为产品的企业之间建立联系。大学与产业之间通过类似这样的中介机构彼此联系，间接地、远距离地发生联系。2004 年，美国学者莫威（Mowery）提出，在自由放任模式下，人们相信产业、政府和大学是一一对应的关系，产业对应生产，政府对应调节，大学对应基础研究。当组织的某些功能扩大或交叠到另一组织范畴时，对于一些机构来说就意味着组织范畴边界淡化，对于其他组织范畴来讲则意味着组织和个人创造性的萌发。

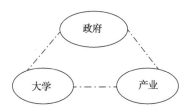

图 0-3　自由放任模式

资料来源：亨利·埃兹科维茨.国家创新模式：大学、产业、政府"三螺旋"创新战略［M］.周春彦，译.北京：东方出版社，2014：9.

0.5.1.3　螺旋上升的创新三螺旋模式

在知识社会中，产业和政府的关系中引入了新的动力要素，大学、产业与政府在相互作用中形成新的创新组织和动力，组织之间存在直接或间接的联系。社会创新体系的驱动力来自大学—产业—政府三个主体要素相互作用，形成螺旋式上升的运动轨迹，三者相互作用，并在功能交织的外部空间中产生多个辅助性要素（如图0-4所示），如科技服务中介机构、风险投资公司等，社会的创新体系由三个一级主体和多个辅助要素组成。大学、产业和政府三个组织处于社会的创新核心地位，整个创新体系并不是一个封闭僵硬的框架，而是不断变动调整的动态系统。

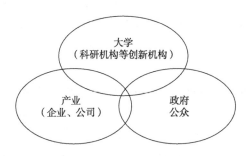

图 0-4　三螺旋模式

资料来源：亨利·埃兹科维茨.国家创新模式：大学、产业、政府"三螺旋"创新战略［M］.周春彦，译.北京：东方出版社，2014：19.

在创新三螺旋中，产业中的公司是创新的主体和客户，为螺旋模式提供拉动力；创业型大学通过知识生产和技术创新转化为社会提供推动力；政府通过宏观调节和金融杠杆、政策引导将两者结合在一起，形成社会创新合力。三螺旋创新模式解释了大学、产业、政府三个主体相互作用与变化的关系，三个主体形成彼此联系、相互缠绕的螺旋线。

在不同模式下，三螺旋的主要支撑线呈现不同的组织形式：在自由放任模式下，产业是主驱动力，政府和大学是支撑线。在国家干预模式下，政府起主导作用，它决定着大学与产业的发展走向。在这两种模式下，三根螺旋线很少是平等的，基本是以其中一根螺旋线作为创新组织者，是社会创新的主驱动力，其余两根螺旋线则围绕旋转，辅助向上。在相互作用螺旋上升的创新三螺旋模式中，三个主体彼此交错，核心机构与支撑机构螺旋变化，都有可能成为创新的主驱动机构，相互作用，螺旋往复，形成合力，实现整个创新系统的动态平衡。

基于创业型大学在区域创新系统中的作为和作用，本书希望通过对创业型大学在区域创新系统中的行为研究，重点厘清区域创新系统中创业型大学与政府、企业之间的关系，明晰创业型大学在区域创新系统中的角色和定位。

0.5.2 组织生态理论

生态学是研究处于特定环境内族群彼此之间相互影响关系，以及外在环境因素如何影响生物族群发展的综合学科。生态学具有自然科学和社会科学交汇的学科特性，被广泛应用于各类交叉学科。20 世纪 70 年代后期，组织生态理论作为社会学的分支学科发展起来，组织生态理论最早源于达尔文的生物进化论，以"物竞天择，适者生存"为基本理念，是生物自然选择理论在组织理论研究中的应用。该理论借鉴生态学及其他相关学科的概念、模型，依托相关理论和方法，对组织内部各要素结构、彼此关系及所受环境影响展开研究。

组织生态学（organizational ecology）以人类社会存在的各种组织为研究对象。哈南和弗里曼（Hannan & Freeman）在 1977 年发表的《组织种群生态学》被学界公认为组织生态学的经典论文。组织生态学的研究对象包括四个层次：组织个体（organizational individuals）、组织种群（organizational populations）、组织群落（organizational communities）和组织生态系统（organizational eco-systems）。四个层次呈现渐进发展状态，组织生态系统是组织个体、种群、群落及其环境组成的整体，系统内各构成要素借助物种、能量、信息和价值流动相互联系、相互制约，形成能够自我调节的复合系统，其核心概念组织群落，是指"具有相似或相近的组织目标、规范体系、边界范围的一系列组织"①。

组织生态理论基础上形成的组织生态模型主要研究和解释组织多样性及各阶层组织在系统内的适应性和变化。组织生态理论的研究重点体现在组织变革的动力性因素分析和组织自身变化两个层面。首先，与生物自然选择现象类似，组织的成长、变革的复杂程度和变化趋势与组织规模大小的相关性并不大，组织的成长变革更多地朝向适合系统发展、适合系统环境的方向。适应环境变化的组织或组织群落会不断通过变革发展壮大，那些适应性较差的组织则会因为不适应环境的变化而呈现衰减迹象或者被环境所淘汰。其次，如同生物界每个生物个体都有各自不同的生产周期一样，类似于生物的进化过程，系统中的组织群落也不会持续性的存在，组织需要不断的变革成长来适应环境的发展，旧的组织会变化消亡，新的组织产生更迭，呈现组织不同的成长过程。

组织生态理论的主要观点包括：

第一，将社会看成是一个生态系统，将组织看成是一个复杂的生命系统，任何组织都必须依赖外部环境所提供的资源条件而生存。

第二，组织与生物个体一样，都具有生存与发展的欲望，都要经历生存与发展过程中的各种竞争。面对竞争和环境变化，绝大多数组织会做出相应的选择，以保证在变化的环境中得以继续生存，并获得进一步的发展。

第三，组织与其外部环境的关系有着强烈的自觉目的性，外部环境与组织间存在相互推动与制约的强互动性。一方面，环境是决定组织存续或灭亡的主要因素，组织要想求得生存与发展，就必须学会积极地适应环境，通过对环境的科学分析，准确把握环境的特征和环境变化发展的趋势，寻求组织最佳的创新方式和路径，使组织和环境在更高水平上达到均衡，获得协同效应；另一方面，组织是一个动态的、开放的、有序的系统，是一个和外部环境密切联系的、和谐的、有机的统一体，组织的发展不仅在于适应环境，更重要的是主动改造环境。

组织的发展过程类似于生物体的成长过程，组织的变异、组织的选择、组织的平衡和发展，构成了整个组织生态系统的发展链条。物竞天择、适者生存依然是组织生态系统存在不灭的真理性规则，组织内部的竞争与合作体现在系统发展的各个过程当中。当然，组织之间的合作与竞争并不截然对立，组织的发展有赖于形成开放、互惠共生的组织观，将组织自身融入组织生态

---

① 董向芸，沈亚平．组织群生态理论视角下高校改革与发展战略研究［J］．中国高教研究，2011（10）：20-22.

系统，形成与周边环境的密切联系，形成和谐、有机的统一体。

所有的组织都无法脱离于自身生态系统而孤立存在，也不存在缺乏个体组织的生态系统。组织的进化必然受到生态系统内其他组织及各种环境因素的制约和影响。组织在生态系统内的发展表现为该组织与其他组织及其环境的协同进化。协同进化将推动生态系统内部形成组织之间最恰当的组合，形成组织与环境间相对稳定的关系。

组织生态理论突出强调组织作为生态系统的成员之一，通过组织间的相互依存与共生的关系，实现整个生态系统共同进化的目标。组织生态系统的内部结构是从组织间的利益相关出发，形成以创造价值为纽带的生态关系网，其组织要素由主体、供应者、生产者、流通者以及自然、经济、社会等各种因素影响而形成。组织生态系统中各组织成员组成动态联盟性质的统一体，彼此之间发生冲突，存在竞争，又在彼此的交互中相互依存，合作共赢。组织生态系统强调整个系统是开放的，各组织应当积极地接纳和吸收新的组织成员，实现利益集团的重组和再生。与自然生态系统类似，组织生态系统同样经历了初生、拓展、旺盛、衰落、更迭创新的周期过程。

0.6　研究框架

本书将创业型大学视为在区域创新系统中的创新主体组织，可以从内部和外部两个层面展开对其组织行为的分析。从组织内部视角来看，创业型大学的组织文化变迁、组织结构调整以及组织资源整合，是推动区域创新系统发展的内生性行为；从组织外部视角来看，在区域创新系统中，创业型大学与政府、企业彼此之间的博弈关系、竞争与合作均应纳入研究视域。

本书以组织行为学理论为基本分析框架，通过对创业型大学内部、外部组织行为的分析，辅以创业型大学案例实践，试图归纳总结出创业型大学在区域创新系统中的角色定位和内生发展的影响因素，为创业型大学的建设发展提供一种新的研究视角。本书的研究重点是对创业型大学的组织内部变革、组织外部的主体关系进行剖析，探讨区域创新系统内部资源的配置模式，推动形成区域创新生态系统。

首先，把握梳理已有研究。通过对一系列文献的整理、分析和解读，力图追踪和把握当前国内外关于创业型大学研究的已有成果和热点，系统梳理创业型大学产生、发展的历史脉络，为进一步开展深入研究奠定坚实的基础。

其次，明确研究问题。在梳理和把握已有研究的基础上，明确研究问题。在创新驱动发展的今天，创业型大学在区域创新系统中的内外部组织行为怎样，如何才能更好地服务于区域创新系统建设，针对上述问题，试图寻求有效的解释理论，针对问题展开理论研究。以两次学术革命引发的大学发展变化的脉络为基础，以知识性质和社会需求的变化为基本点，整合组织生态理论、三螺旋理论和区域创新系统理论，对创业型大学的内外部组织行为进行理性分析。

再次，对创业型大学内外部组织行为展开剖析。通过对创业型大学在组织文化、组织结构和组织资源方面行为案例的分析研究，深入探讨创业型大学在组织转型变革过程中的新变化。

最后，总结分析大学在应对内外变化过程中所显现的创业型反应，结合创业型大学发展变革的实践，探讨形成创业型大学组织内生发展的动力，深入研究区域创新系统中创业型大学、政府、企业三大主体之间的关系，对建设区域创新生态系统做出理性思考。

研究主体框架如图 0-5 所示。

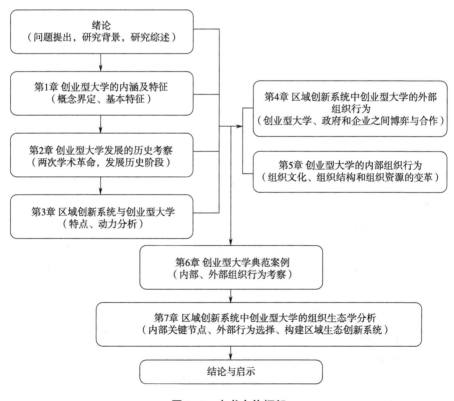

图 0-5 本书主体框架

1　创业型大学的内涵及特征

高等教育体系如同一个完整的生态系统，类型多样的大学在不同层次，面向不同需求，发挥着丰富多样的作用。研究型大学是高等教育系统内的高级形态，但并非所有的大学都要成为研究型大学，同样，也并非所有的研究型大学都要发展成创业型大学。创业型大学作为研究型大学中的先锋者，其发展潜力和前景令人振奋，充满着巨大的诱惑力，研究型大学的发展规划中不可避免会出现创业型大学的部分要素，这是所有研究型大学在发展过程中必须面对的挑战。本章将重点探讨并明确创业型大学的概念和内涵，理解其固有特征。

1.1　创业型大学的内涵

1.1.1　创业型大学概念的历史发展

对于如何认识和界定创业型大学，自 20 世纪 80 年代以来，有诸多学者在这方面做了有益的探索和研究。有关创业型大学的概念，通过对中外学者的研究进行分类和比较，主要有以下观点。

1.1.1.1　伯顿·克拉克

美国学者伯顿·克拉克在 20 世纪末到 21 世纪初的 10 年间连续出版了两本有关创业型大学的研究著作，对创业型大学这一新型大学发展模式展开了深入研究。

1998 年，克拉克教授在《建立创业型大学》一书中对欧洲五所大学进行了深入研究，提出这五所来自不同国家、具有不同教育和文化背景的大学在寻求发展的过程中都呈现出共同的"创业型反应"，具备强有力的领导核心、加强与外界的联系、多元的资金来源、强有力的学术核心、创业型的校园文化五个共同特征。克拉克教授从大学寻求资金来源多元化、扩大学校生存、发展路径的角度，提出当代大学按照企业化方式运作和转型这一非常具有现实意义的问题。克拉克指出，创业型大学就其自身而言，就是寻求如何融入企业界，与企业联合创新。为推进发展，大学寻求在组织特性上做出实质性转变。创业型大学寻求成为"站起来"的大学，成为能够按照自身主张行事的行动者。

2004 年，他在其新作《大学持续的转变：案例研究及概念的延续》一书中进一步对创业型大学进化发展的特征进行了深入分析，将创业型大学的研究视野扩展到国际范围，从系统动力的角度，以大学案例的形式对大学转变制度进行了完善系统的研究，提出了大学转变的三个系统动力，即①转型因素之间的互动与支持；②前瞻性"持续动力"的建立；③制度意志、集体意愿刺激并引导一种"自我选择"的力量来适应社会发展的需要。这三个方面的系统动力使大学保持了持续的、稳定的、制度化的变革。通过案例分析，克拉克教授得出结论：创业的力量存在于这些大学的各个方面，从基层个体到学校管理层，从单一学科到多学科的综合层面，从教师到学校管理者，创业因素均有积累。"当变革成为一种习惯，处于一种制度化的状态时"①，创业型大学就具备了持续变革的内在动力。

克拉克对创业型大学最初的研究对象主要集中在发展历史较短、规模较小、以技术为导向的几所欧洲大学，它们处于高等教育系统相对边缘的位置，在生存竞争中面临较大的资金缺口，这些因素与学校内积累形成的创业精神相结合，迸发出强大的变革力量，在困境中寻求生存和发展。克拉克在后来的案例分析中，选取美国六所综合性大学作为附件进行扩展分析，包括斯坦福大学、密歇根大学、麻省理工学院（MIT）、加州大学洛杉矶分校（UCLA）、北卡罗来纳州立大学以及佐治亚技术学院，分析研究了每个学校创业成功的不同经验。

从最初对处于系统边缘、源自于大学自身生存和发展压力、通过创业行为使学校资金来源多样化的小型技术性导向院校的创业特征研究，逐渐扩展到研究具备强大科研实力和基础学科、在高等教育系统内居于核心位置的多所研究型大学的创业行为，克拉克教授对创业型大学的研究经历了不断深化和拓展的过程，为研究创业型大学的发展和特征提供了新的思路和方向。

1.1.1.2 亨利·埃兹科维茨

亨利·埃兹科维茨早在 20 世纪 80 年代初就开始了对创业型大学的研究。他发文研究了美国学术界的创业科学家，探讨创业型科学的范式转换。1995年，他与荷兰学者雷德斯道夫合著《大学与全球知识经济：大学—产业—政府关系的三重螺旋》，在书中，他对创业型大学有了明确的界定和认识："经常得到政府政策鼓励的大学及其组成人员，对从知识中收获资金的兴趣日益

---

① 伯顿·克拉克. 大学的持续变革：创业型大学新案例和新概念 [M]. 王承绪，译. 北京：人民教育出版社，2008：227.

增强，这种变化使学术机构在精神实质上更接近于公司，公司这种组织对知识的兴趣总是与经济应用和回报紧密相连的。"① 具备这些特征的大学即为创业型大学。埃兹科维茨归纳认为创业型大学具备以下五个特征：①拥有多样的研究团队；②建立有商业潜力的研究基础；③将研究成果转移出大学的组织机制；④在大学里组建公司的能力；⑤学术要素和商业要素整合形成新的组织模式。从归纳的五个特征来看，多样的研究团队、具有商业潜力的研究基础、对知识进行开发和转化的组织机制是现代研究型大学所具备的，而大学组建公司的能力、对学术和商业要素进行整合的组织模式和组织机构是创业型大学所独有的要素。

埃兹科维茨提出创业型大学的存在有四根柱石：①学术带头人能够形成和实施自己的战略构想；②通过授予专利、颁发许可证和孵化等方式进行技术转移的组织能力；③在管理者和大学师生当中形成普遍存在的创业精神；④大学能对自身资源进行合法控制，包括大学建筑物等物质财产和来源于研究的知识产权。② 他认为这些是创业型大学的存在要素。

2002 年，埃兹科维茨在其著作《麻省理工学院与创业科学的兴起》中以麻省理工学院、斯坦福等研究型大学为例，论述了在新的社会变革下大学职能的进一步拓展，创造性地提出大学、产业和政府之间复杂的三螺旋关系，参与创新行为的三个主体之间的良性互动是国家和社会发展持续进步的基础。他提出，大学传统的研究价值观和研究策略需要改变，大学所开展的研究、所开发的科学技术必须符合国家和经济发展所提出的要求。他很早就指出创业型大学通过诸如专利、研究合同和与私人企业结成伙伴等方式开拓新的资金来源的现象并予以研究。

埃兹科维茨明确提出了创业型大学的概念，并创造性地提出大学、产业和政府之间的三螺旋互动关系，大学的职能在新的社会环境下发生变化，从原有的教学、研究进一步拓展成为国家和社会经济服务，大学正在步入社会发展的核心圈，成为推动经济成长的关键要素。他认为，未来的大学将不再完全依赖政府和其他机构的资助，而是通过知识转化、授权交易、新创公司的股权参与等创业行为实现大学知识的资本化。大学中的教师和学生（主要是研究生）开始评估研究成果潜在的经济价值，开始学着通过知识产权、专利转让、在公司兼做顾问、开办相关企业等渠道将实验室的研究成果转化成

---

① 亨利·埃兹科维茨，等. 大学与全球知识经济：大学—产业—政府关系的三重螺旋 [M]. 夏道源，等，译. 南昌：江西教育出版社，1999：227—262.

② 亨利·埃兹科维茨. 三螺旋：大学·产业·政府三元一体的创新战略 [M]. 周春彦，译. 北京：东方出版社，2005：31.

有效的市场产品，大学组织和身处其中的个体开始创业行为的初步探索，企业精神在创业型大学内已然风行。

在亨利·埃兹科维茨《国家创新模式——大学、产业、政府"三螺旋"创新战略》一书中，他对创业型大学的标准做出如下判断：创业型大学应具备知识资本化、相互依存性、相互独立性、混合形成性、自我反应性五个标准，这些是衡量一所大学是否是创业型大学的标准，也成为创业型大学形成的依据和指南，引导研究型大学向创业型大学的转变。

1.1.1.3　希拉·斯劳特

1999 年，希拉·斯劳特与拉里·莱斯利合作出版著作《学术资本主义：政治、政策和创业型大学》。在书中，他们认为创业型大学是"在变化的情势下采取一些企业的运作方式的大学"①。针对这一变化，他们提出"学术资本主义"的概念。学术资本主义本质上是指大学的知识生产与传播不再以传统的纯学术导向为指导，而更多地受到经济利益及市场信息的影响。他还谈到了知识资本化概念。在书中，他认为创业型大学的使命和管理组织具有企业的特征，确立了市场化和量化的指标；为获得资金来源的多元化，通过市场竞争参与盈利活动；课程设置在一定程度上满足了企业和市场的需要；与企业合作成立校企合作研究中心，开办大学衍生公司，加强技术和知识产权转让，通过为企业咨询，开展应用研究，增加企业对大学的资金投入；为增加大学的资金来源开展竞争，寻求新的方式以扩大招生；出售教育类产品与服务等。

2004 年，斯劳特发表新作《新经济中的学术资本主义》，更深层次地论述了学术资本主义在新经济条件下的发展。他指出在后工业经济时代，大学和社会将不再将知识和科研成果视为公益产品，而是将其看作可以用金钱衡量且可以交易的商品，并且将会在利益的促进下转变为资本，获得利益。他在书中详细地描述了高校在开拓市场、出售或者出租研究成果、提供人才培养和相关教育服务等方面所做的贡献。

1.1.1.4　西蒙·马金森

西蒙·马金森教授主要以澳大利亚大学为研究对象，从大学组织管理的角度开展研究。他认为创业型大学是"在内部管理组织形式、运作方式及学术工作等方面表现出企业性质的大学。金钱是这种学校的一个关键目标，但最终任务是推动大学的名望和竞争力"②。

---

① 希拉·斯劳特，拉里·莱斯利. 学术资本主义：政治、政策和创业型大学［M］. 梁骁，黎丽，译. 北京：北京大学出版社，2008：6.

② 西蒙·马金森，马克·康西丹. 澳大利亚企业型大学的权力结构、管理模式与再创造方式［M］. 周心红，译. 杭州：浙江大学出版社，2007：4.

他从大学组织形式和管理的视角，提出创业型大学具有以下特征：①大学的目标由强大的行政控制来决定；②大学的使命和管理机构开始呈现鲜明的企业特征，由市场需求来协调与外界的各种关系；③已有的学术机构和学校的各项规则都由校长的咨询委员会和大学机构来掌握实权；④学术工作的基本框架受校长的咨询委员会和大学机构的双重结构领导之下；⑤推动这些变化的是一种被重新认识的内部经济，资金不足是一个主要的推动因素；⑥对国际学生的教育，由一种坦率的商业和企业精神在推动，这是企业文化的一个关键因素；⑦质量的定义和解释的话语权较少来自于传统的公共部门和政治文化，而是更多地来自于私人部门和经济消费文化；⑧对外部资金和竞争的自相矛盾采取新的开放态度，是一种"同行闭合"的道路。通过这一过程，各具不同历史的大学越来越趋同。

他在《澳大利亚企业型大学的权力结构、管理模式与再创造方式》一书中指出，创业型大学未来的发展呈现这样的趋势：①有管理意愿的新行政力量出现，而且有比以往更大的行动自由；②在结构上有创新，用新的管理机构和管理机制来改造或替代原有的管理形式；③大学管理的灵活性大大提高；④学科的作用有较明显的削弱；⑤出现新的权力下放方式。①

以下几位学者也为创业型大学的研究奠定了基础（见表1-1），陆续有中外学者对创业型大学的组织转型、与社会伙伴关系的变化、大学与企业家精神、创业文化等方面展开探索研究。② 从中外学者数十年来对于创业型大学的研究，我们可以明确不同学者分析研究的对象有所差别，各自对创业型大学的认识和界定也有所不同。

表1-1　创业型大学的概念

年份	作者	概　　念
2003	埃兹科维茨	创业型大学是一个天然的孵化器，提供支持教师和学生开创新的事业，开展智力的、创业的以及智力与创业精神相结合的组织机构
2003	杰卡伯③	创业型大学既有商业化属性（进修课程、咨询服务及其延伸的相关活动），也表现出商品化属性（专利、技术许可和衍生企业）

① 西蒙·马金森，马克·康西丹．澳大利亚企业型大学的权力结构、管理模式与再创造方式 [M]．周心红，译．杭州：浙江大学出版社，2007：4-9.

② 郗晖．新经济时代创业型大学的概念及特征研究 [J]．北京邮电大学学报（社会科学版），2015，（02）：114-118.

③ MERLE JACOB. Entrepreneurial transformations in the Swedish university system：the case of Chalmers University of Technology Research Policy [J]. Scientometrics，2003，32（9）：1555-1569.

续表

年份	作者	概　念
2004	科尔比①	作为创业文化的核心，创业型大学有能力创新、辨识和创造机会，重视团队合作，敢于冒险和应对挑战
2004	舒伯乐②	创业型大学必须训练未来的企业家，培育他们的创业精神；必须以企业化的方式运作，建立孵化器、培养技术员，并使学生参与其中，帮助学生创建事业
2005	王雁③	发展高科技，催生新产业，以提高国家和地区的竞争力与经济实力为目标；它与工业界、地区政府、国家政府建立新型的关系；更直接地参与研究成果商业化活动；争取多样化的资金来源；教学和研究方面更注意面向解决实际问题；大学自身的运营方面更强调创新
2006	横山④	追求创业和市场导向的大学，其创业文化是局部实现的；一所转型初期的大学发展创业活动，以弥补公共资金投入不足，并以此应对市场的瞬息万变，创业型大学寻求创新以适应内部和外部的变革
2007	科拉多	创业型大学的基本特征在于采用企业式的组织形式和管理技术，与优质高效、具有竞争性的企业合作。在此前提下，大学采用企业方式处理相关问题
2007	马志强⑤	创业型大学是汲取企业文化、打破传统自我依赖的大学；积极发展应用知识和问题为导向的知识；与政府、企业建立新型关系；以国家和地区的经济社会发展为目标；资金来源多元化和教育国际化等

① DAVID A KIRBY. Entrepreneurship education：can business schools meet the challenge？［J/OL］. Education and Training, Mar 30, 2015, (3)：510-519. https：//www. researchgate. net/publication/228315059_ Entrepreneurship_Education_Can_Business_Schools_Meet_the_Challenge, 2015-09-16.

② BARBARA SPORN. Building adaptive universities：emerging organizational forms based on experiences of European and US universities［J］. Tertiary education and management, 2001, (7)：121-134.

③ 王雁. 创业型大学：美国研究型大学模式变革的研究［M］. 上海：同济大学出版社, 2011：51.

④ KEIKO YOKOYAMA. Entrepreneurialism in Japanese and UK universities：governance, management, leadership, and funding［J］. Higher education, 2006, (10)：523-555.

⑤ 马志强. 西方创业型大学的兴起和发展［D］. 郑州：河南大学, 2007：9-10.

年份	作者	概　念
2008	沙托克①	创业精神是不断适应变化的环境，大学通过科学研究和创造新想法推动创新的一种适应性反应
2009	张静②	创业型大学是指为适应市场需要、借鉴企业化运作模式对内部组织机制进行创新的大学，其主要特征是：与政府、产业建立紧密合作关系，完善的创业机制，多元的资金来源和浓厚的创业文化
2009	卢朴克③	创业型大学意味着大学成为一个企业形式的组织；教授、学生以某种方式成为创业者；大学和其外部环境相互作用，大学与地区之间的关系遵循企业模式

资料来源：研究者根据文献自制。

1.1.2　研究型大学与创业型大学

创业型大学与研究型大学有着密切的联系，并非所有的研究型大学都朝着创业型大学的方向发展。研究型大学虽然提出服务社会的使命，但在服务形式、途径与具体对象上并没有实质性的操作计划，因为"并不是所有的研究型大学都愿意将其研究面向社会经济的需要，都能够自觉承担为国家或地区经济发展服务的职责"④，而创业型大学则需要在教学、科研、创业和推进经济发展等方面维持好创造性动力和张力。

具体来看，与研究型大学相比，创业型大学在多个方面呈现新的变化和特点。

创业型大学最显著的特征在于其组织理念的变化，它能够主动应对市场及国家利益而做出最敏锐的反应。创业型大学在大学、市场、产业和政府之间能够发挥独特作用，能够发展高科技，催生新产业，更直接地参与和推动知识研究成果的转化活动，其科学研究在一定程度上更倾向于面向国家发展

---

①　MICHAEL SHATTOCK. Entrepreneurialism in universities and the knowledge economy：diversification and organizational change in European higher education［M/OL］.［2014-09-19］Open University Press. 2009. http：//link. springer. com/article/10. 1007/s10734-005-1168-2#page-1.

②　张静. 创业型大学组织特征探究［D］. 厦门：厦门大学，2009：38-39.

③　ROPKE J. The entrepreneurial university：Innovation，academic knowledge creation and regional development in a globalized economy［J/OL］.［2013-10-20］http：//wenku. baidu. com/link? url = gCAhoALGHAJEcoVmFy-0io3Mf03UZCEiNZ-6-2mim4ERUk7kikq4HcPkpEoEzTJ1cwZx50W6J2F0R74MLiTEG-criZ4Z6aIS2U6eFM-kKSD3y.

④　王雁，孔寒冰，王沛民. 创业型大学：研究型大学的挑战和机遇［J］. 高等教育研究，2003（03）：52-56.

的需要；大学在发展理念上主动与国家发展、市场需求相契合。实践中，创业型大学对社会需求具有更快的反应能力，能够更直接地参与知识研究转化及商业活动，这两点成为创业型大学有别于研究型大学的显著特征。

根据埃兹科维茨教授的研究，新兴创业型大学有五个主要因素：①拥有团体研究的组织机构；②建立具有商业潜力的研究基础；③将研究作为知识产权进行转移的组织机制；④在大学内组建公司的能力；⑤将学术要素与商业要素相结合的组织模式。

可以看出，拥有团体研究的组织机构、具备一定商业潜力的研究基础，这两点在研究型大学中已经存在；进行知识产权转化的组织机制成为从研究型大学向创业型大学过渡的有效途径；而在大学内组建公司并具有将学术要素和商业要素相结合的组织模式，成为创业型大学独有的特点。

1.1.3 学术资本主义与创业型大学

教育与市场的联系曾经一度是学者们争论的话题。在古典主义者那里，他们一直拒绝教育与商业文化发生联系，认为学术与商业文化没有融合的可能，在他们眼中，商业文化会侵蚀大学的理念，影响大学的正常发展。不过，历史的发展往往不以某些人的意志为转移，进入 20 世纪后期，市场的力量逐渐发挥作用，教育与市场在一定程度上产生了融合现象，高等教育与市场之间的关系变得比从前紧密，虽然其中不乏激烈的冲突与争论。正是在这样的冲突和融合中，人们开始思考教育，尤其是高等教育与市场、学术文化与商业文化之间的关系。事实上，在高等教育发展进程中，思考的重点已不再是教育如何对抗和排斥市场的问题了，而是两者之间如何更好地融合发展。

20 世纪后期，高等教育的发展呈现前所未有的复杂现象，高等教育与市场发生联系，传统的大学理念与市场的价值导向在一定程度上发生冲突与融合，高等教育活动已经很难从市场需求中彻底分离。高等教育部分地与市场发生联系并不断适应市场需求，创业、竞争文化等一系列与传统大学理念不同的概念在大学发展中开始出现。学术资本主义在其中非常有代表性。

学术资本主义是指"以公共资金资助为主的大学的学术群体，在一个竞争的环境当中，通过教学、科研、咨询技术或其他学术知识的应用来发展其学术资本，学术群体的行为与资本家无二致，并且成为国家所奖励的企业家。因此，他们从好奇与探索奥秘为导向的学术转向了更为实际的工业研究"①。由于政府对大学资金资助的减少以及将市场机制引入大学的政策引导，大学

---

① ROSEMARY DEEN. Globlization, new managerilism, academic capitalism and entrepreneurialism in universities: is the local dimension still important? [J]. Comparative Education. 2001 (37).

与市场的结合也经历了从被动到主动融合的过程，大学中的管理者和原本清高的教授们逐渐积极地与市场接轨，开始投入到商业活动中。大学教授们通过开设公司、作为咨询顾问、推动研究成果的实践转化等途径，以获得充足的资金补充因政府资金减少所缺失的那部分研究费用。

"学术"与"资本主义"两个词组合在一起，其内涵绝不仅仅是两个词语的简单叠加。学术是指系统专门的学问。"学术"与充满了竞争和追逐利益残酷事实的"资本主义"本来分属不同的价值体系。象征精神象牙塔中的学术文化与追求利润的资本主义连接在一起，其本身就让人颇为费解。两个代表了不同价值和话语体系的词组合在一起，被用来描述大学中与市场接轨的某种现象，它颠覆了人们传统意义上对大学的认知和判断。学术资本主义这一概念的出现除了这一词汇本身所具有的含义之外，更多的是一种象征表征。学术资本主义在高等教育领域，就其词义本身，基本指向是大学中传统的学术研究受到市场的影响，其内涵并非完全贬义，意在政府、大学和市场三方的关系变化。在高等教育领域，大学的教学、科研和服务社会的使命具有多重性，对知识的传承与创新、追求知识生产是大学的任务之一，而通过科技创新推动社会发展和人类生活水平提高同样是大学的神圣使命。

众所周知，自20世纪中后期开始，迫于政府资金紧张的压力，在发达国家内部，高等教育从政府直接获得的财政经费呈现递减的趋势，政府不再是大学唯一可靠的经费提供者。20世纪80年代以来，虽然在绝对数量上，英美等国政府对大学的拨款没有明显减少，但随着这些国家高等教育大众化所带来的高等教育规模的扩张，大学的办学经费日趋紧张，大学面临着前所未有的经费危机。以美国为例，"1989年以来，将近三分之二的高校重组了自己的行政编制，80%的高校减少全部预算，58%的某些部门减少了预算——只有31%的公立大学认为它们的总体财务状况优秀或很好，而私立学校中做出这一评价的占45%"①。大学办学经费中的政府拨款大幅减少，大学的运行和管理必须调整。政府投入减少，大学运作层面受到明显影响，大学需要面向市场，通过技术转化、创办公司等模式弥补一部分资金缺口。在这样的环境下，政府、大学和市场这一传统三角关系的平衡模式发生了变化。

这种变化对大学的影响尤为深刻，大学开始考虑通过市场这一途径来获得经费保障，即在政府拨款资助与大学学费之外，探索来自市场的第三条路。政府允许大学开展某些传统意义上并不支持的非常规活动，大学通过技术转化、技术支持等形式在市场中交换学术资源，以获得足够的办学经费。就这

---

① 埃里克·古尔德. 公司文化中的大学 [M]. 吕博，张鹿，译. 北京：北京大学出版社，2005：45.

样，由于政府经费投入的减少，大学发展中引入了市场机制，高等教育机构中的教授和研究者开始从被动到慢慢主动地投入市场的商业活动中，诸如创办公司、充任企业顾问、技术入股等形式，获得更多的资金，补充那些原本完全依靠政府投入开展的科学研究。

从这个意义上来讲，大学已经不再单纯的是传统的知识传播和科学研究机构，大学成为一个兼顾知识生产、技术革新以及技术生产、产品研发的复杂机构。大学组织内部的各要素都需要对这种变化做出应对。大学的研究开始分化，部分研究转向更为实际的应用研究，传统的科学探索和创新不再是大学研究的主要部分。传统大学已有的特征发生了变化，大学的研究专利引入了市场机制，可以成为在市场中待价而沽的特殊商品，大学教授们的活动部分近似于企业家活动。"大学的运作是一个混合的经济体，副校长的角色已经转为大学的主要执行官，必须对董事会或大学的委员会负责；也必须承受精简机构和代表管理者的压力，结果造成大学教育不再那么强调集体与民主，强调机构与个体的竞争的模式"①。

这种变化是传统大学无法更好满足社会发展和人们需求时的一种积极应对。人们开始认同大学引入市场竞争、参与技术转化可以补充大学办学经费不足的困境，提高高等教育效率，也更好地实现大学对社会发展和人才需求多样化的满足。大学开始了新的变化，传统的政府主导高等教育发展模式开始改变，政府逐步部分退出大学管理的一些领域，政府、大学和市场三者需要重构一种平衡模式，市场正在以一种前所未有的力量推动大学变革。

1.1.4　创业型大学的释义

大学自产生以来，其基本属性在不断拓展丰富，教学型大学、研究型大学、创业型大学概念的出现均是对大学基本职能、突出特质的一种判定。与传统的教学型大学和研究型大学相比，作为一种正在形成和发展的大学模式，创业型大学反映了大学在应对复杂多变和激烈竞争的现代社会环境中发展起来的一种高度适应能力。创业型大学是大学对当今社会转型发展乃至人类文明进步诉求的回应，其突出特质表现为大学将知识技术创新与产业发展紧密结合，对社会经济发展诉求具有快速的反应能力。

本书将创业型大学界定如下：创业型大学是具有强大的科技研发能力，承担推进经济发展的社会使命，以技术转移办公室、跨学科研究中心、科技

① DEANNA DE ZILWA. Using entrepreneurial activities as a means of survival: investigating the processes used by Australian universities to diversity their revenue streams [J]. Higher Education, 2005, (50): 387-411 [2014-10-25]. http://www.doc88.com/p-6951573914284.html.

园、衍生企业等创业组织为载体，将知识技术创新与产业发展紧密联系，与社会形成良性互动，关注将最新的科技知识转化为社会实际效益的大学。

作为一种正在形成和发展的新型大学发展模式，创业型大学正在一种新的基于持续的组织和技术创新的生产模式中起到先导作用，这种生产模式以知识的资本化为主要特征。创业型大学呈现以下的显著变化：创业型大学以提高国家和区域的社会经济发展水平为目标；能够与区域、各种资源进行整合，与企业、地方政府、国家之间建立新型的合作共生关系；更紧密、直接地参与研究成果的商业转化活动，创生出新的生产力；办学争取多样的资金来源；能够对校内各种资源进行充分挖掘和有效整合，教学和研究更专注和倾向于面向社会需求，关注创新型人才培养；大学自身的运营和管理更强调创新。

1.2　创业型大学的基本特征

创业型大学的产生和崛起是高等教育领域的重大现象。在积极参与推进经济和社会发展的过程中，创业型大学所需资源被创造性地协调分配。相比以教学、研究属性突出的传统教学型大学、研究型大学，创业型大学的突出特质表现为对社会经济诉求的快速回应，创业型大学以推动社会经济发展为目标，更注重大学知识技术的转化和实践应用，代表了新时代大学发展的趋向。

基于创业型大学在发展和实践当中所体现出的变化，创业型大学主要具备以下基本特征。[①]

1.2.1　知识资源向知识资本转变

知识作为一种社会资源，具备转化为资本的潜能。知识在能满足社会主体特定需求的前提下具有市场价值，有可能转化为资本形态，进而为社会发展提供动力。大学逐渐从社会的边缘机构成为社会中心，充分发挥其作为社会主要知识生产部门的价值。大学不但能为自己获取跨越式发展所需的资源，同时能够反哺社会，创造价值。创业型大学正扮演着这样的社会角色："这些大学，不再仅仅是提供教育和研究的场所，大学被要求成为区域经济发展和提供就业机会的主要负责者"[②]。研究型大学向创业型大学的转型实质上就是

---

① 郜晖.新经济时代创业型大学的概念及特征研究 [J].北京邮电大学学报（社会科学版）.2015（02）：114-118.

② 宣勇，张鹏.论创业型大学的价值取向 [J].教育研究，2012（04）：43-49.

大学为实现自身知识资源向知识资本的转化，在组织结构、运行和文化建设等方面做出自我调整。知识资本化时代要求创业型大学首先具备领先的学术研究能力，能够形成和实现其战略愿景。

从知识资源转型的角度来看，创业型大学是以知识资本化驱动大学发展的一种大学运行模式。[①] 创业型大学注重知识资源向知识资本的转变，"为了保持或扩大资源，大学教师不得不去竞争那些与市场紧密联系、来源于大学外部的研究经费，这些研究是应用性的、商业性的、策划性的，并且是目标明确的研究。这些研究经费的获得，或是通过各种形式的研究资助、项目合作、服务合同、技术转让、与工业和政府建立伙伴关系，或是通过招收更多学生的方式"[②]。因此，知识被创造和传播，既是知识学科自身的发展，也是实现知识的实际应用。知识资源向知识资本的转变成为创业型大学的基本特征，知识被生产、创造和广泛传播，既是为了大学学科的发展，同时也是为了实践应用的推动。社会对知识资本化的认可使得大学在社会发展进程中发挥着越来越重要的作用。创业型大学要具备技术转移、转化的能力，实现技术孵化的组织和资源整合。

1.2.2 创新性

在知识经济时代，大学需要对变化的外部生存环境做出积极应对，在国家和地区经济发展中发挥更强大的创新辐射作用，高等教育内部的知识性质由此发生变化。大学的兴趣点部分转向市场，参与市场竞争的程度逐年增加。在一定程度上，大学的这种变化并不是体现在章程规范上，而是体现在大学的实际行动中。大学为应对变化，只有在教育和科研上有所创新，才能获得先机。在创业型大学中，普遍存在创新、创业的氛围，创业精神为管理者、教职员工和广大师生普遍接受。

创业型大学的创新性体现在两个层面。一是创业型大学教学方法和教育技术手段的创新。对于兼容并包的一流大学，涉及大学的教学、科研的技术创新非常重要：一方面，大学有责任推动并参与技术创新；另一方面，大学在教学过程中广泛应用先进教育技术手段，从实践层面推动相关技术的更新和创新。作为开放的大学，创业型大学应当积极推进与市场实践相结合的新式教学手段、教学方法的创新。二是管理创新。创业型大学以提高国家和地

---

① 弗兰克·罗德斯. 创造未来：美国大学的作用 [M]. 王晓阳，蓝劲松，译. 北京：清华大学出版社，2007：272.

② 希拉·斯劳特，拉里·莱斯利. 学术资本主义：政治、政策和创业型大学 [M]. 梁骁，黎丽，译. 北京：北京大学出版社，2008：277.

区的经济实力和水平为目标，以提升教育质量为基础，在过程和理念上均是开放的。创业型大学的管理是一个复杂系统，在风险管理、战略管理、质量管理、变化管理等多重管理机制上有很多创新和变化。创业型大学以创新项目为主导设置跨学科研究中心、衍生企业、技术转移办公室等创业型组织，在项目管理和推动方面均体现其创新性。

此外，大学是不断接收新鲜血液注入的组织机构，每年都有新一代的学生进入大学，他们生命历程中最具创新精神和胆识的阶段恰恰是进入大学的时间段。未来生命历程或保守或创新，但大学的学习阶段正是他们一生中最具创造和突破精神的阶段。新老学生持续更迭为创业型大学总是保持开拓进取的文化提供了基本的发展保证。创业型大学正是通过新老学生的交替变化，获得了常新的人力资源，碰撞出新的思想，保持研究团体的旺盛生命力，并通过毕业学生进入社会服务，不断充实产业的生产力量。

创业型大学的创新性还表现在其自身的快速反应上。当社会需求发生变化时，大学应当做出快速反应，大学自身的内部结构持续不断地更新，调整大学与产业、政府之间的关系。所有行为的主旨均是围绕如何更好地实现创业型大学推动技术转化、为社会服务的使命。

1.2.3　开放融合和风险意识

创业型大学在发展过程中关注对社会需求的回应，具有能够快速做出反应和积极开展应用转化的能力，形成独立开放的办学形式，建立融合的多元组织，具备适应市场需求、应对变化的风险意识。

一所大学要成为创业者，必须首先具备相当程度的独立性，拥有把控自己发展和变革的自主权，既要独立于政府、产业，又能够高度自主地与政府、企业之间发生相互交织和影响。一所创业型大学首先应当在其发展方向的战略把控上具有相当大的自主权和决定权，能够对大学内部资源进行科学有效的调配，包括大学的建筑、设备设施、土地资源等硬件设施，财务、人力以及科学研究所产生技术成果的知识产权等软性资源。

此外，创业型大学应该是开放的，能够与大学外部形成互动交流，能够快速对社会转型和市场需求做出反应，积极向外输出大学的知识和技术生产创新要素。创业型大学不应该是独立于社会发展之外的封闭系统，应该与社会其他机构保持密切的相互作用。创业型大学在与社会其他机构形成相互依存关系的同时，还要保持自身独立，形成多元的组织模式，通过建立研究中心、科技园、孵化器等组织，推动大学知识技术成果的实践转化。创业型大学不仅要实现自身的发展，还要努力发展与潜在合作伙伴之间的关系，与其发生互动和影响。创业型大学与产业、政府形成密切联系，相互联系、相互依存，也体现创业型大学开放办学的特征。

面对纷繁变化的环境，创业型大学需要具有强烈的市场意识和抗风险意识，以应对来自各方面的挑战；面对来自大学内部和外部的竞争，创业型大学必须保持发展活力，明确自身的优势与差距，采取改进措施并推进其发展；面对科研项目的竞争，创业型大学需要接受大学科研资金并不充足的现实，通过多种渠道拓展资金来源，以获得更好的发展；面对大学人才培养的教学竞争，大学必须在教学和师资队伍上下功夫，提升大学的综合竞争力，确立优势学科的引领地位，具备相当凝聚力的师资队伍，对于创业型大学提升竞争力非常重要。

1.2.4 主动进取的创业文化

创业型大学本身是竞争的产物，每一所一流大学都在不断的变革中调整、发展、完善和实现自我创新。创业型大学作为可持续发展的大学，能够不断积累并固化促其成功的因素，积极主动地适应内外需求的变化，不断进取以获得竞争力，营造一种勇于创新、主动进取的创业文化，使之成为大学发展的内在信念和精神特质。

创业型大学需要通过主动提升服务对象的满意度来获得成功。根据服务对象的不同，创业型大学需要对学校内部和外来的需求有清醒认识。在学校内部，创业型大学坚守人才培养的基本职能，将学生价值的实现视为大学获得成功的标准；对学校外部，创业型大学以企业、公司、政府等为服务对象，这些组织价值的实现更多体现为提高经济指标以及推进企业的可持续发展。创业型大学的主动进取还体现在大学具备更高效运转的组织形式、更好的教学质量、更高的声誉和社会影响力、更具吸引的文凭、更好的师资队伍、在市场更具吸引力的研究项目等方面。

1.2.5 多元化的资金来源

与传统大学不同，创业型大学得以不断发展壮大的资金来源更为多元化。在某种程度上，扩充大学资金来源正是研究型大学向创业型大学转型的经济动因。创业型大学通过跨学科研究中心、衍生企业、技术转移办公室等创业型组织，为创新创业活动提供知识动力和智力支持，进而获得更多的资金补充。这部分资金的存在降低了创业型大学对政府财政拨款的依赖程度，赋予了大学办学自主权。大学利用更大的财务自主权，在兼顾弱势学科发展的同时，进一步加强学校优势学科的发展，提高教师工作的积极性，提升学校的抗风险能力。

　　创业型大学自身发展的最初动力部分来自大学办学经费来源单一、紧张的现实。大学要获得发展，必须具有能够支撑其开展人才培养、科学研究、技术研发的足够资金。创业型大学产生的早期，部分研究型大学的确面临政府资助经费缩减的现象，面对这一处境，大学寻求发展、力图变革的动力自然产生了。

　　基于对创业型大学概念和基本特征的理解，创业型大学主要是建立在四个支柱之上：①应具有一流、领先的学术研究能力，具备强大研发能力，这是创业型大学实现知识资本化的首要前提；②应具有自主权，能够对大学资源进行调配和整合；③具备推动技术转移转化的机制和组织能力；④具有浓厚的创新、创业氛围，创业精神成为大学发展的内在信念和精神特质。这四大支柱成为推动创业型大学形成和发展的基本要素，体现在创业型大学组织行为的各个层面。

　　总而言之，一所大学要发展成为创业型大学，在区域创新系统中发挥创新动力源和发动机的作用，实现知识资本化、技术产业化成为创业型大学的核心使命。创业型大学首先是拥有自己知识产权和转化能力的创新主体，能够把大学作为知识技术的生产者，与社会知识技术的使用者之间建立紧密的联系。

　　创业型大学的出现是大学模式变革发展渐进过程中的一个环节。从大学发展的历史来看，无论是研究型大学还是创业型大学，它们都源自大学的自我成长与演变，源自大学对社会需求发生变化之后的自适应。早期的中世纪教学型大学专注于对真理、神学教义的传授和研究，与社会生活的联系并不紧密，主要体现知识传承的功能，确实是远离社会藩篱的象牙塔；研究型大学强调大学科研与教学并重，要求教学与研究相结合，其研究目标关注于知识生产本身的积累和创新层面，与创业型大学相比，其研究的经济价值并不凸显，大学还处于向社会中心过渡的状态。创业型大学具有强烈的市场意识，追求大学研究的实践和经济价值，充分调动其人才培养、研究、知识生产、创新、技术转化等方面的优势，自主创业，突出对国家和地区社会发展服务，已经由社会的边缘逐步进入社会发展的核心圈。

2 创业型大学发展的历史考察

明确了创业型大学的基本概念，理解了其特征和内涵，之后我们有必要从历史发展脉络中梳理创业型大学的发展变革。现代意义的大学以欧洲中世纪大学为发端，至今已有近千年的历史。在近千年的发展历程中，中世纪大学、传统大学、教学型大学、研究型大学、创业型大学……不同的大学模式陆续出现。大学组织模式在对社会需求变化的不断适应中逐步定型，经历了发展、稳定、调整、革新、再发展、再稳定的循环往复、不断嬗变的过程。

在大学发展进程中发生过两次重大变革，学界将这两次变革称之为学术革命。历史上两次学术革命引发了大学在组织理念、结构、自身职能等方面的根本性变化，改变和丰富了大学的发展内涵，从根本上改变了大学的发展路径。两次学术革命均引领了全球高等教育发展的新风向，具有示范作用。第一次学术革命发生在 19 世纪，引发了传统大学向研究型大学的转型；第二次学术革命发生在 20 世纪后期，世界处于知识资本大发展时代，孕育了创业型大学。

2.1 第一次学术革命与研究型大学的建立

2.1.1 德国研究型大学的建立

第一次学术革命确立了大学教学与研究并重的职能，此次学术革命发源于德国，发展在美国。学者们对第一次学术革命的认识大多一致，统一在大学职能从教学延伸到研究上。学界比较公认第一次学术革命发生在 19 世纪，其标志性事件是德国洪堡创建柏林大学，洪堡将研究引入大学，使教学和研究成为大学并驾齐驱的两大基本职能。第一次学术革命的发生对大学的发展产生了深远影响，促进了很多教学型大学向研究型大学的转变，推动了研究型大学的形成。

回顾大学发展史，德国柏林大学的出现无疑是大学发展历程中一次具有划时代意义的里程碑事件。19 世纪初的德意志，国家主义正处于上升期，在普鲁士领导下，逐步统一的德语国家对教育的诉求空前高涨，国家要求发展大学教育以促使国家强大。当时德意志区域内已有各类大学 60 余所，但与其他欧洲国家相比，德意志的高等教育仍相对落后。随着人文主义运动的广泛兴起，宗教改革在欧洲普遍展开，为德国大学迈入现代化奠定了必要的社会基础。正在兴起的德意志奋力在工业上追赶英国、法国，此时大学的发展进入了政府视野，成为推进德国国家发展和科技创新的支撑力量，举国上下兴起了大学改革运动，柏林大学就是在这样的大背景下应运而生。

1809 年，德国新人文主义学者、教育改革家威廉·冯·洪堡（Wilhelm Von Humboldt，1767—1835）出任普鲁士内政部文化和公共教育司司长。1810 年，他着手筹建柏林大学。作为柏林大学的开创者，洪堡在任的短短 16 个月时间内组建柏林大学，提出并推行崭新的教育理念，将"教学与研究相统一"、"学术自由"的办学原则贯彻于柏林大学之中。他提出的教育理念被载入史册，被誉为"德国历史上最有影响的文化大臣"。柏林大学开创了大学发展的新模式，成为中世纪以来大学发展的第一次学术革命的标志。对大学的基本认识是洪堡大学理念研究的逻辑起点和基础。他认为：大学是学者社团，是自治和学术自由的地方，作为高等学术机构，位于学术机构金字塔的顶峰；大学是受国家保护又享有完全自主地位的学术机构；通过它，普鲁士才能为自己赢得在德意志世界以及全世界的尊重。

洪堡认为传统的大学只以教书育人为主要目的，这样的大学有些单一，洪堡将科学研究引入大学，使大学具有科学研究和教书育人两种功能。洪堡所说的科学是纯知识理论的"纯科学"，而不是像自然科学或历史学这种"经验科学"，这种"纯科学"是建立在人的观念之上的科学。洪堡认为大学的科学研究职能是大学价值的根本所在，他在《论柏林高等学术机构的内部和外部组织》一文中谈到，大学"立身的根本原则是，在最深入、最广泛的意义上培植科学，并使之服务于全民族的精神和道德教育"。

从中世纪大学产生一直到柏林大学建立以前，大学的主要职能是教书育人，因此，人们一直称 19 世纪以前的大学为"教学型大学"（teaching university）。柏林大学的创立标志着大学发展进入了一个新的阶段。大学不再仅仅是教学机构，大学不仅培养人才，还要将教学与科研相统一，推进科学的发展。柏林大学开创了研究型大学的先河，最早实践教学与研究相统一的原则，是大学职能的一次再拓展。

柏林大学将科学研究和科学教育相结合，施行教学与研究相统一的原则，以大学为"研究中心"，鼓励教师自由地从事"创造性"学问，注重发展而不是传授知识。1817 年 4 月，柏林大学提交的大学章程被国王批准作为"永久章程"。该章程为柏林大学的办学奠定了基本框架，主要包括：

（1）实行学院（faculty）制。大学由学院构成，包含由中世纪大学沿袭下来的神学、法学、哲学和医学四个学院，各学院之间处于平等地位。

（2）教师等级制。柏林大学采用传统大学传承下来的师资体系，教师队伍由教授、副教授和助教三级队伍构成。

（3）教授会制度。大学内的所有事务都由教授会讨论决定，教授会的成员是大学的全体教授。教授会的权力包括遴选校长、选聘教授等。大学组成15人组成的"评议会"来行使大学的最高权力。与此同时，政府部门的行政和财政代表可携秘书被邀请出席大学的所有评议会，也体现了政府在大学发展中的强大影响力。

（4）讲座制。大学按照学科和专业建设的需要，可以设置若干讲座，由教授主持并全权负责讲座内涉及的所有事务。

（5）教授负责制。大学负责讲座的教授与政府通过利益协商确定讲座教授的待遇。正教授定期就财务及相关问题直接与政府部门协商，对这些事务大学不出面介入。

这一"大学章程"构建了柏林大学基本的组织架构，形成了柏林大学的基本法律基础和组织运行机制。

在大学改革浪潮的影响下，柏林大学的教学改革加强了部分薄弱学科，发展了自然科学的成就。短短30年，柏林大学已发展成为德国规模最大的高等学府，成为当时具有世界先进水平的大学，吸引了来自世界各国的大学生和青年科学家求学深造。从1814年第一批美国学生赴德学习开始，直到第一次世界大战前，大约有1万名美国青年和学者到德国大学学习，仅柏林大学接纳的美国学生就超过了5 000人。[①] 柏林大学于国家危难之时建立，先进的教育理念助其在极短的时间内快速成长，其教育理念和办学模式成为世界高等教育发展史上的一抹亮色，被众多传统大学仿效追赶。

从柏林大学的发展可以看出，其教育理念中的两个重要原则对大学的发展意义重大。

第一，重视科研，以科研促进教学。"每一个较大规模的现代社会，无论它的政治、经济或宗教制度是什么类型的，都需要建立一个机构来传递深奥的知识，分析、批判现存知识，并探索新的学问领域。换言之，凡是需要人们进行理智分析、鉴别、阐述或关注的地方，那里就会有大学。"[②] 柏林大学

---

① 孙承武. 聚焦全球十大名校：巨人摇篮 [M]. 北京：京华出版社，2003：81.

② 约翰·S. 布鲁贝克. 高等教育哲学 [M]. 王承绪，郑继伟，张维平，译. 杭州：浙江教育出版社，1987：13.

最先提出"研究与教学相统一"的教育理念，具有划时代意义。它将研究融入教育过程中，推进科学研究与教学并重，使研究成为人才培养的基本途径。在柏林大学，学生不再是单纯知识的被动接收者，还是教师指导下的主动真理探求者；教学不再是照本宣科，而是活泼而丰富的研究讨论等智力活动；教学和科研互相推进，彼此联系，形成了教学协助科研、科研促进教学的良性循环。

第二，学术自由。柏林大学之前，教师和学生在传授与学习的互动中完成了文化与文明的代际传承。柏林大学的建立赋予了"教与学"新的内涵，在"教与学"一体化的教育模式下，师生共同成为科学知识的创造者，学术自由是师生探求真理的前提条件。柏林大学给予师生充分的学术自主权，将对真理的自由探索奉为办学宗旨，师生在平等的对话中共同完成知识创新，获得道德和知识水平的提升。自柏林大学以后，"教和学"的自由成为大学教育的基本原则。

柏林大学在大学发展史上留下了浓墨重彩的一笔。随后，德国的大学逐渐成为科学发展的核心机构，成为国家培育科学家和产生重要科研成果的摇篮，推动了德国在 19 世纪的迅速崛起。世界各国纷纷仿效以柏林大学为首的德国大学发展模式，一批新式的、现代意义的研究型大学在全球渐成趋势，大学发展史上第一次学术革命萌发，现代大学的发展进入了一个崭新阶段。

2.1.2 美国研究型大学的发展

洪堡提出的"教学与科研并重"的教育理念远播大洋彼岸，得到了美国众多大学校长的积极响应。美国南北战争结束后，旧式学院濒临瓦解。19 世纪末的数十年间，一群富有远见的美国大学校长们创建了多所"新式大学"。19 世纪末 20 世纪初的几十年当中，美国新型研究型大学风起云涌，部分美国大学从最初德国大学的效仿者一跃成为研究型大学的典范，在推进美国高等教育、科技创新、技术更新和社会进步等方面发挥了积极作用。

自"五月花"号抵达美洲大陆，"实用和功利性"就成为美国精神的重要特征。在教育领域，美国人继承了早期欧洲清教徒移民重视教育的传统，在办教育的过程中，他们强调教育体现实际的社会需要，注重教育对社会诉求的回应。功利主义价值追求在美国高等教育当中也有所体现。美国人与生俱来所持有的功利主义态度使得德国大学的现代科学课程及推崇学者献身于科学探索的现代大学精神在美国得到发扬光大。德国现代大学的理念被引入美国，并增添了功利实用主义的理念，形成了具有美国特点的研究型大学。

1873 年，美国马里兰州巴尔的摩市银行家约翰·霍普金斯留下一笔价值

700万美元的巨额遗产，遵照其生前愿望，这笔遗产分别捐赠给以他名字命名的约翰·霍普金斯大学和约翰·霍普金斯医院。1876年，约翰·霍普金斯（Johns Hopkins）大学正式成立，霍普金斯大学的创始人希望抛弃美式学院的陈规旧制，建立一所专注于知识创造、开展研究生教育和倡导探究风尚的新式学校。其目标为：鼓励研究以及独立学者的进步，使得他们可以通过自己精湛的学识推动他们所追求的科学以及所生活的社会前进。

约翰·霍普金斯大学首任校长吉尔曼曾在德国柏林大学学习，在就任校长之前，他专程赴德考察，学习其建校理念和管理经验。吉尔曼仿照德国大学模式推动了霍普金斯大学的发展，他在就职演说中提出，大学的目标应该"最自由地促进一切有用知识的发展，鼓励研究，促进青年人的成长，促进那些依靠其能力而献身科学进步的学者们的成长"。他认为"大学的荣誉应该取决于教师和学者的品质，而不应该取决于人数和供他们使用的建筑物"。在随后的办学过程中，吉尔曼忠实地实践着他的教育理念。在霍普金斯大学建校初期，由于资金短缺，吉尔曼并没有大量地进行基础设施建设，但学校高薪聘请了许多世界一流学者来校任教，保证他们可以自由地开展科学研究。学校在管理上严格摒弃"教会主义或党派偏见"，不同专业、不同领域的专家学者共同探讨、共同学习。霍普金斯大学在教学方法上基本沿袭了德国大学专业讲座、研究班等形式，初步创建了美国研究生院制度，是美国第一所以讨论班形式开展授课、第一所按照专业录取本科生的大学。吉尔曼在霍普金斯大学担任校长职务25年，在他的领导下，霍普金斯大学后来居上，迅速跻身美国一流大学之列。

19世纪末，在约翰·霍普金斯大学的影响和带动下，美国高等教育迎来了一个发展高潮。美国大学建立研究生院，其雏形源自德国学徒式研究生教育，又不等同于德国模式，是一种创新和发展。当时美国的主要大学多将发展研究生教育作为其首要目标，发展新型的集教学、科研为一体的研究型大学。从一定意义上来讲，美国研究型大学更好地实现了教学与研究的统一、更有利于服务社会经济发展需要。

美国研究型大学的发展成为人类高等教育史上具有里程碑意义的事件。美国大学的实用性和职业化的彻底程度是英、德等欧洲大学所没有的，美国研究型大学顺应了社会的需求，实用性的科学研究与培养人才一起成为大学的主要功能，这一变化对后来的大学发展产生了深远影响。

2.2 第二次学术革命与创业型大学的崛起

第二次学术革命是大学职能的又一次丰富和拓展。除承担教学和科学研究外，大学还承担起为国家和地区经济服务的责任，大学职能再一次外延，经历了教学—科研—创业的职能拓展。第二次学术革命带来了知识资本化，引发创业型大学的兴起。创业成为大学的又一重要延伸职能，创业行为突出表现为大学为适应国家和经济发展需要，研发高新技术，催生新兴产业，将大学的研究积极转化为能推动经济发展的高新技术。自 20 世纪 80 年代以来，大学除了教学和研究职能之外，还承担了推动社会经济发展的任务。①

第二次学术革命的发生有着深厚的思想和实践基础。19 世纪后期美国政府积极推动《莫雷尔法案》在各州实施、闪烁服务精神的"威斯康星思想"在美国大学中引领风尚、部分研究型大学开始向创业型大学转型探索……为 20 世纪后期创业型大学的兴起奠定了坚实的社会政策、理念和实践基础。

2.2.1 政策层面——1862 年《莫雷尔法案》的推行

19 世纪后期《莫雷尔法案》（*Morrill Land-Grant Act*）的颁布对美国高等教育改革与发展产生了重大影响。1857 年，美国国会议员莫雷尔向国会提交了一项议案，建议联邦政府以赠予各州联邦公地的方式来鼓励每个州建立至少一所新型大学，这样的大学应该讲授"农业和机械工艺……以便提高产业阶级的通才教育和实用教育，也应开设其他科目，包括军事战术课程"②。法案提出之初，被认为会增加联邦政府经济支出而遭到否决。1862 年，莫雷尔再次向国会提交此法案。林肯总统认为此法案有利于推广实用技术，遂予以颁布。"赠予土地设立学院以促进农业和机械制造工艺在各州发展"的法案，命名为《莫雷尔土地赠予法》，简称为《莫雷尔法案》。《莫雷尔法案》的颁布奠定了美国联邦政府运用立法和赠地拨款相结合的方式间接干预各州高等教育的法律基础，促进了内战后美国高等教育朝着平民化、大众化方向发展，形成了教学、科学研究和技术推广服务相结合的高等教育新体制。③

《莫雷尔法案》的实施取得了巨大成功，共有近 60 所大学和学院获得了资助。

2.2.2 理念层面——威斯康星精神的引领

"威斯康星精神"源于威斯康星大学的教育实践和办学理念，是世界高等

---

① H. ETZKOWITZ. The second academic revolution and the rise of entrepreneurial science ［J］. Technology and Society Magazine，2001（2）：18-29.

② 埃德加·L. 英费特，等. 教育组织与管理 ［M］. 韩延明，韩东屏，译. 济南：山东教育出版社，1992.

③ 郭庆霞.《莫雷尔法案》的颁布对内战后美国高等教育的影响 ［J］. 黑龙江高教研究，2011（05）：54-56.

教育史上具有划时代意义的思想。1904 年，美国威斯康星大学校长查尔斯·范海斯提出著名的"威斯康星精神"（Wisconsin Idea），即威斯康星大学在教学和科研的基础上，通过培养人才和输送知识两条渠道，打破大学的传统封闭状态，努力发挥大学为社会服务的职能，积极促进全州的社会和经济发展。"威斯康星精神"创造性地提出了大学的第三职能——为社会提供直接的服务，使大学与社会生产、生活实际更紧密地联系在一起，高等教育的社会服务职能同步得到强化。自此，大学的职能从教学、科研扩展到社会服务，形成了高等教育的三大职能。

从殖民地时期开始，美国清教徒把教育作为建立和实现理想社会的工具，教育关系国家命运这一思想贯穿于整个美国的历史，伴随着国家一起成长。大学社会服务理念的萌芽、发展和实践与美国特殊的自然环境、社会文化、民族精神、教育传统等因素息息相关。在文化发展上，美国的发展历史较短，较少有历史的包袱和影响，形成了以欧洲文化为主融合多元的熔炉文化，体现出鲜明的多元性和兼容性，极富创造性和务实性。在这样的环境之下，美国社会形成并发展了具有美国特色的高等教育管理模式。

"威斯康星精神"被认为是大学社会服务职能确立的里程碑，它彻底改变了传统大学高高在上的"象牙塔"形象，使高等教育与社会现实产生了互动。它将大学的影响扩大到社会的各个方面，成为美国高等教育实用化、大众化的理念基础，推动了高等教育的发展和变革，开创了大学发展的新时代。

实践中，"威斯康星精神"包括两层含义：一方面，威斯康星大学应该服务于州的需要；另一方面，本州居民应为大学提供充足的财政支持作为对大学服务社会的回报。① 美国威斯康星大学校长查尔斯·范海斯曾在他的就职演说中准确表达了"威斯康星精神"的内涵："由州所资助的大学应致力于无疆界的知识探索及社会服务，以满足全州人民及其子女不同态度和趣味的需要，否则对大学所在州而言，将是一个无法弥补的损失。"查尔斯·范海斯提出了著名的"威斯康星计划"，主要包括培养实用型人才，向公众传播知识，建立大学教育与普及性教育相结合的大学推广部，向社会提供专家服务，帮助政府解决立法、工程、农业等多方面问题。威斯康星大学开创了大学直接服务政府的先河，以其卓越的社会服务赢得了民众的支持，威斯康星大学被称为威斯康星州试验站。

威斯康星大学成功的教育改革模式使得美国大学打破了传统高等教育的封闭状态，在德国研究型大学模式上有所突破和创新，大学开始直面现实社会。美国研究型大学开启的社会服务功能也为创业型大学的发展奠定了理论

---

① TRECHTER D. The Wisconsin Idea [R]. Survey Research Center Report, 2005 (5)：1.

和实践的基础。

2.2.3 实践层面——美国研究型大学向创业型大学的转型

《莫雷尔法案》和威斯康星精神从政策、思想到实践层面为大学步入现代社会生活提供了可依托的根基，部分研究型大学开始了朝向新发展的转型与探索。

在第二次世界大战期间，美国研究型大学发挥了重要的研究和创新功能，为完成国家军事科研项目发挥了重要作用。二战期间及二战后，美国政府投入巨额经费用于军事及航天等技术的研究和开发，这些经费大多集中在有限的几所研究型大学中。例如，在战争中，麻省理工学院、哈佛大学、芝加哥大学、约翰·霍普金斯大学、哥伦比亚大学、加利福尼亚大学等几所研究型大学参与并主要承担了雷达、原子弹、喷气发动机、固体燃料等技术和军事项目的研究。研究型大学在航天、电子信息、通信、能源、生命技术等高科技领域做出了巨大贡献，美国的"阿波罗"登月计划、人造卫星的研制、国际空间站计划、原子能的发展、基因组合等项目都有研究型大学的参与。第二次世界大战后，这些大学的突出发展为美国赢得了研究和学术方面的世界领先地位，科技园区的建立和发展则更上一层楼，大学开始利用自身的科技资源优势为地区经济发展服务，部分研究型大学开始了向创业型大学的转型与探索。

20世纪70年代，美国一些工业企业在参与全球竞争的过程中渐渐丧失了其原有的绝对优势，随着电脑、电子、电子通信等高技术产业的迅速发展，社会开始面临人力资源稀缺、技术创新不足的问题。美国政府认识到，要重振美国的产业与经济，政府必须出面领导、推动教育界和产业界人士结成建设性的联盟关系，以推动学术机构迸发巨大的创业能量。

第二次世界大战后，美国一些研究型大学已经开始以科技园区的形式，逐渐渗透和参与到社会经济生活中。相比而言，那时的参与大多是自发的，大学、政府以及产业界都没有形成特定的机制和政策。1980年以来，美国联邦政府陆续出台了促进、规范产业与大学之间合作行为的重要法案，如拜杜法案、史蒂文·怀登系列法案、小型企业专利法案法、联邦技术转移法等。这些法案都是为了促进技术创新，支持大学、科研机构与产业界之间的技术转让和人员交流。通过这些法案，促使大学的技术成果能顺利完成向产业实践的转化，减少产学合作或互动的障碍。大学开始以各种形式参与到经济活动中来，一些新的学术机构纷纷成立，如研究中心、孵化器、R&D联合体、技术转让中心等，创业型大学开始浮出水面。产业界为了从大学获取新技术和人才，以便提升竞争力，更是积极回应政府的政策。20世纪80年代，大学、产业界和政府开始形成合作伙伴关系，三方协同努力的方式初步显现。

20世纪90年代以后，大学对经济发展所起的推动作用更加明显。大学推动了所在地区产业结构的调整和产业多元化，带动了国民经济的持续增长。许多国家和地区的经济发展战略也发生了变化：由降低税收、改善交通基本设施来弥补地理上的不足，转向利用大学的研发机构促进新的高科技企业形成。科研创新如何转化并进而推进经济发展成为各国政府最关心的问题之一。研究型大学的发展在全球范围内形成了一股发展风潮，各国的大学纷纷着力关注技术研发和基础学科的发展，研究型大学的发展进入了一个崭新的阶段。

历史上两次学术革命带动了大学发展的两次重大转型：第一次学术革命开启了大学教学与科研并重的办学历程，催生了研究型大学的发展；第二次学术革命将大学引入经济社会，大学开始在教学和研究的基础上，为国家和地区经济服务，推进了创业型大学的产生和崛起。两次学术革命均引领了大学职能"教学—科研—创业"的线性发展，催生了研究型大学、创业型大学模式的发展。

在历史长河中，发展与变革是大学不变的主题。纵观大学发展史，从最早的中世纪大学到现代意义上的现代大学、研究型大学，直至今日的创业型大学，大学的核心职能仍在变革拓展，大学的组织模式也在发生变化。大学发展初期，中世纪大学是作为纯粹的教学机构为社会服务；随着工业革命和现代科学革命的影响，研究成为大学的核心功能；伴随着现代科技的飞速发展，大学开始全身心地投入为国家和社会服务的科技创新、转化进程中，创业成为大学的又一延伸功能。大学功能的拓展延伸推动了大学模式的创新和发展。

2.3 创业型大学发展的历史阶段

创业型大学的发展并非一蹴而就，梳理创业型大学形成和发展所经历的阶段，对明确创业型大学的组织发展非常必要。

大学职能从教学、研究、社会服务拓展到为经济发展服务，是复杂的内外因素共同作用的结果。大学职能的拓展一方面是大学对不断发展的社会诉求所做出的积极应对，另一方面也反映了大学对自己与社会伙伴关系再度考量之后的战略调整。大学自身的内部结构、发展任务等在变化革新，大学与产业、政府之间的关系也在适度的调整变化。研究型大学在向创业型大学转型的过程中，从自身内部到与外部关系的调整方面经历了以下几个发展阶段。

2.3.1 酝酿期——现代大学职能的拓展和国家利益诉求的变化

从现代大学的发展历史可以看出，现代大学职能的分化、拓展与国家利益诉求的变化经历了一个关系逐步密切的过程，即从最初与国家经济发展不太具备关联到后来的关系日益紧密。

中世纪大学以追求普适性真理、探究人性发展为目标，中世纪大学设置的学科多是宗教、神学、哲学、医学等基础科学。洪堡设立的德国柏林大学提出"教学与科研相结合"，洪堡所提出的科研主要是纯粹的基础理论研究，在此理念基础上，洪堡提出相应的大学组织模式为基础理论研究服务，建立了基本的研究生制度。

19世纪后期，随着美国赠地学院的兴起，"威斯康星精神"在美国大地生根开花，大学的社会服务职能逐渐确立，致力于实践应用的研究开始在大学站稳脚跟。大学的科学研究不再仅仅局限于纯粹的基础科学，也不再局限于科学本身的完善，而是开始关注研究的实际应用。

20世纪初，在麻省理工学院曾经发生过一场有关基础研究和应用研究的争论。诺耶思和沃尔克教授分别是基础研究和应用研究的倡导者。诺耶思教授强调基础研究的重要性，组建了"物理学化学研究室"，积极开展基础学科研究，力主将MIT从技术工程"学院"转变成以基础研究为主的"大学"。沃尔克教授主张研究的实际应用价值，主张大学与工业企业结盟，他建立了"应用化学研究实验室"，该研究室也成为美国历史上第一个为工业服务的研究机构，受到了大型企业的资助，获得了长足发展。两实验并生并存于麻省理工学院，后来诺耶思被迫离开了MIT，两派别争论的结果也在一定程度上反映了当时社会环境中大学的生存选择。

在20世纪的科学发展历程中，第二次世界大战往往被视作一个转折点，特别是从社会建制的角度、从科学与政府的关系的角度理解科学时，这种转折的意义更为突出。第二次世界大战期间，由于国家发展和战争的需要，美国政府对技术的需求大幅度增加，而联邦政府缺乏具备强有力技术支撑的内部资源，因此，政府对新技术的开发创新需求转向求助大学、科研机构和非营利机构。科学技术的发展与政府的关系在社会建制上发生了改变。在这个过程中，《科学——无尽的前沿》（*Endless Frontier*）报告发挥了重要的作用。

1944年11月17日，美国总统罗斯福致信范内瓦·布什（Vannevar Bush），要求布什研究如何把战时经验用在和平时期，以增进国民健康、创立新企业、增加就业机会、全面提高国民的生活水准。1945年7月19日，范内瓦·布什主持起草的《科学——无尽的前沿》发表。《科学——无尽的前沿》一经发表就得到了高度的评价，被誉为"划时代的报告"，该报告试图回答的关键问题主要集中于政府和科学之间的关系及其维系。该书认为：科学对于一个国家的创新和经济发展具有十分重要的意义，甚至提升到关系国家安全的地位，科学在此时被放到了国家发展的核心位置。

《科学——无尽的前沿》试图在政府支持、资助科学和保障科学的自由探索精神之间保持必要的张力，希望在国家与科学之间、政府与科学界之间形成一种前所未有的合作。《科学——无尽的前沿》这份报告开创性地肯定了科学对于国家发展的重要作用，提出了基础学科及其与科学研究、技术研发之间的关系，形成了国家科学基金会制度，并对其功能和运行机制予以明确建议，成为美国具有里程碑意义的一份报告，成为此后多年美国科学政策的基础，也对世界其他国家的科学政策产生了一定的影响。

范内瓦·布什在报告中明确提出了对于国家如何开展科技研发、加强基础研究，如何使科研机构的工作能够推进社会财富创造的看法，并形成了一套可推行的运行机制，其中有几项内容对战后美国确立其科学研究的领导地位意义重大：①大幅度提高国家的科研投入，政府有责任支持、资助科学研究。布什提出建立国家科学基金会用以支持和鼓励基础研究和科学教育，以及制定国家科学政策的中心机构。依此建议，美国国家科学基金会于1950年成立。②鼓励政府与大学、研究所、工业实验室签订合同，把国家的科研下放给非政府机构，这表明大学、工业界和联邦政府之间形成了新的联盟关系。在此之前，政府的科研成果主要来自于政府自己组建的科研实验室，而这些实验室的工作人员都要从全国各地调配。在新的机制下，美国联邦政府与几十所大学、科研机构和公司签订了200多个科研合同，联邦政府的科研项目多以竞标的方式下放给研究型大学、实验室来操作，建立了政府与大学之间的合作关系。③引导科研产业化。第二次世界大战期间的很多军事国防技术具有较大的市场潜力，范内瓦·布什主张由大学等非政府机构联合大型公司（如波音、洛克希德等）推进这些技术的民用化。这一系列措施有效地促进了美国战后科学技术的发展，催生了一批世界一流的大学和公司，形成和巩固了美国成为世界第一科技强国的地位。20世纪被称为是美国世纪，范内瓦·布什则被誉为"美国世纪的工程师"。可以说，《科学——无尽的前沿》开启了美国联邦政府和大学的新型伙伴关系，美国众多大学超越欧洲同行获得了长足发展，一批世界一流的研究型大学后来居上，航天、计算机科学、医学、通信等学科迅速产业化，创造了巨大的民间资本。大学科学研究所创造的价值得到了社会的认同，大学与产业界的合作逐渐成为一种风尚。大学逐渐成为推动社会发展和社会变革的中心机构，大学与国家的命运越来越紧密地联系在一起。

2.3.2 萌芽期——美国大学科技园的发展

20 世纪 80 年代之前可以认为是创业型大学的萌芽期。在这一阶段，研究型大学除了原有的知识传承，生产、培养社会人力资源，进行科学研究等基本职能，还进一步开展社会服务，增加了鼓励大学研究向应用需求转换的机制。20 世纪 50 年代，美国出现了密集的高科技园区，这些高技术园区大多建在一流的研究型大学周围，为创业型大学的迅速成长提供了有利的外部条件。

斯坦福大学被认为是美国创业型大学的引领者，众所周知的"硅谷模式"获得了巨大成功，也造就了斯坦福大学世界一流大学的地位。弗瑞德·特尔曼是公认的"硅谷之父"，特尔曼提出著名的"学术尖端"的构想，包含两层意思：吸引顶尖人才和建立顶尖学科系所。1920 年，斯坦福大学还只是一所默默无闻的"乡村大学"，但到了 1960 年，它已经崭露头角，到 1985 年已经跻身一流大学之列。

由于特尔曼的推动，1951 年，斯坦福大学率先创建了斯坦福研究园区。特尔曼和当时的校长华莱士共同商议，决定把学校土地转化成可用的财富，然后通过聘请知名教授，进一步加强斯坦福大学的学术实力。1959 年，斯坦福大学划出 655 英亩的校园土地租给校友或社会商业人员，由他们在土地上开发新的项目，这些项目可以为在校学生提供实习机会和兼职，斯坦福诞生了美国首家校内成立的工业园区。早期帕拉托市的工程师很多是斯坦福大学的毕业生。后来，特尔曼又鼓励硅谷公司的员工进斯坦福读学位，大学与高技术公司形成良性互动，斯坦福大学为高技术公司培养和提升人力资源层次服务，科技园区的发展反过来也推动了大学的发展。

斯坦福大学在"土地换金钱"的政策上取得了很大的收获，也因此成为美国的热门话题和企业争相联系追捧的大学。在斯坦福科技园区内，企业开始聚集并大力向园区外发展，逐渐形成了后来享誉世界的硅谷（Silicon Valley）。斯坦福大学周围聚集了很多科技集团、大型高端的知识密集型企业。斯坦福科技园区成为开拓立新，成功实践实用主义精神的典范。斯坦福大学首创大学与产业界密切合作的成功案例，以其强大的辐射力带动了周边地区的迅速发展，斯坦福大学内部也形成了非常浓厚的创业氛围，开启了创业型大学发展的新模式。

斯坦大学模式的成功在美国乃至全世界掀起了一股大学科技园区建设热潮。在美国，除了斯坦福大学与硅谷，比较成熟的还有波士顿 128 号公路区

（依托于 MIT、哈佛大学）及北卡罗来纳三角研究工业区（依托于北卡罗来纳大学、北卡罗来纳州立大学及杜克大学）。这些科技园区的共同特点都是依托周边研究型大学所提供的技术研究支撑体系，大学与科技园区良性互动发展。大学为科技园区提供源源不断的先进科学技术，由大学培养的高级工程师及科学家通过创业的形式将知识、技术转化为市场需要的产品。科技园区内大学与公司之间形成了紧密联系的纽带关系，大学与产业界形成了相互支持、协同发展的高技术创新、转化与制造的环境，形成了创业型大学周边特有的知识、人才、资本要素的结合，创业型大学就是在这样的环境中萌生并发展起来。

2.3.3 转折发展期——知识资本时代的新要求

进入 20 世纪 80 年代，美国的研究型大学开始面临政府研究经费削减的直接困难，美国政府在政策上大力鼓励科学技术转移，推进大学与产业界的合作。研究型大学向创业型大学转型，在组织内部开始设立专门机构，如产业孵化器、工业研究中心、大学—产业合作研究中心等机构。此时，大学科学研究项目的确定在一定程度上取决于学科自身及社会需求等因素，由大学研究人员和产业界的合作者互动联合确定。大学部分研究开始注重其应用价值及技术转化的切实可行性。创业型大学进入了一个相对旺盛的成长时期，其快速发展主要基于大学所处时代的变革。

首先，大学在这一阶段需要应对政府对学术研究资助减少的实际困难。自 20 世纪 70 年代后期开始，由于受到美国国家经济发展和国家发展战略调整大环境的影响，政府公共支出范围扩大，而公共经费没有大幅度提升，国家财政支出矛盾越发突出。从美国里根政府开始，联邦政府对大学研究的资助开始下降。有关数据显示，美国政府对大学学术研究资助的高峰期是 20 世纪 60 年代中期，大约有 73% 的资助来自于联邦政府。到 80 年代，政府对大学研究的资助下降到 65% 左右，1992 年之后一直维持在 58%~60%。联邦政府研究经费的缩减使得大学需要健全和推进技术专利转化机制，依靠技术转化、知识资本化来补偿缺失的资金。

其次，政府有关政策出台，强力推进大学与产业界的合作。缘于大学天生的"象牙塔"情结，生活在象牙塔中的学者们对于与企业的合作，在很多时候会存在一些不和谐的因素。在大学与产业界建立合作的早期，大学与企业的互动关系中企业的合作意愿要高于大学，大学在更多的合作中处于被动状态。这种状况在创业型大学发展早期是一个较为普遍的现象。进入 20 世纪 80 年代，政府相继出台了一系列法案，推动了大学与产业界的合作。

一系列政府法案生效之后，很大程度上促进了美国大学和非营利性研究机构对基础研究和创新成果的开发转让，极大地推动了20世纪末美国经济向技术密集型方向的转变，增强了国家竞争力。社会推崇创新、推进技术转化风气日盛。

工业经济时代，生产力提高和技术革新是推动科学技术进步的根本动力。一方面，生产力发展和技术革新为科技进步奠定了物质基础，提供了推进手段；另一方面，生产技术中出现的问题需要科学研究加以解释，进而提出解决问题的办法和思路，三者是相辅相成的关系，呈现生产—技术—科学研究的顺序关系。在知识经济时代，三者的关系发生了变化，科学成为推动生产力提高和技术革新的原动力，一些新产品、新产业的出现并不是生产技术的自然延伸，而是科学研究的逻辑发展所产生的结果，高新技术产品、高新技术产业变为科学研究的直接成果，三者关系顺序变为科学研究—技术—生产。知识经济的兴起对投资模式、产业结构、增长方式和教育的职能与形式产生了深刻的影响，在这种情况下，大学的科学研究成为推动技术进步和生产力提高的核心力量，知识生产成为推动社会进步的关键因素。

知识资本化时代，知识、科学技术成为社会生产新的动力所在，新创造的知识和技术成果被转化为社会资本。创业型大学成为大学回应时代的产物，创业型大学积极建立大学与社会经济发展的互动关系，日益成为推动国家经济发展的活跃因素，成为知识经济时代的社会发动机。创业型大学进入稳定的自觉发展时期，羽翼日益丰满。创业型大学在应对社会诉求的过程中，逐渐步入社会发展的核心圈，成为推动社会经济发展、提升国家竞争力的核心动力。

2.4 两次学术革命对创业型大学的影响

基于对创业型大学发展脉络的梳理可以看到，两次学术革命均对大学在组织理念、结构、自身职能等方面产生了深层次影响，主要体现在以下几个方面。

2.4.1 促进产生新的大学发展模式

第一次学术革命之后，大学开始从纯粹教学型机构向研究型机构转变，德国首先出现了以柏林大学为代表的早期研究型大学，提倡为真理性知识进行研究。随后，美国大学在德国早期研究型大学的基础上有所创新和突破，逐步形成了引领世界潮流的新型研究型大学，形成了符合本国实际的成功大学模式，在促进高等教育、经济、军事及科技进步等方面发挥了非常重要的作用。

20世纪后期，美国研究型大学中的部分佼佼者适应国家及社会发展的需要，大学利用自己的知识创新成果，积极引资创办高技术公司，加速原创型知识成果、科技成果的转化和孵化，并进一步推进大学创业行为的发生，兴办新的企业，逐步承担起促进经济发展的重任，创业型大学萌生。

创业型大学在大学发展进程中的变化模糊了大学作为学术机构与企业公司的界限，创业型大学的发展不再仅仅是高等教育内部的事情。创业型大学的创业行为，其直接目标是转化成推动社会进步的力量，推进国家和地区的经济水平，大学获得充裕的积累资金，赢得社会声誉，进而获得大学的全面发展。

2.4.2 推进大学功能的拓展延伸

第一次学术革命确立了大学发展科学研究和培养社会需要的合格人才的双重职能。教学是科研成果的推广和扩大，研究为教师的教学提供了学术基础和理论依据。在大学的组织上增加了教授领导下的实验室，教授、教师和学生形成了一个个以研究为核心的全新组织。研究成为大学教师一项公认的学术和职业任务。

第二次学术革命的发生推动大学研究功能的进一步拓展，加强了大学为社会服务的功能。在后期的发展中，通过推进知识、科学技术的创新，加强人力资本的生产以及科技的转化和孵化，创业型大学日益成为国家竞争力和社会生产力的积极推动者与参与者，大学开始成为国家和社会发展的重要角色，进入社会发展的核心圈。大学的技术转移所创造的社会价值和经济收益非常可观，创业型大学除了教学、科研之外，通过技术转化、创业行为完成其为社会服务的任务，承担起了推动经济发展的责任。

2.4.3 丰富大学科学研究的内涵

两次学术革命推动了大学科学研究拓展的内涵，经历了最初的纯学术研究——20世纪中期的实用型科学研究——20世纪后期的创业型科学研究的发展过程。

萌发于美国并获得巨大成功的实用型科学研究最早始于美国的研究型大学。美国起初以德国研究大学为模板，结合实用主义精神，创立并发展了美国式研究型大学。美国研究型大学注重研究的实用性，不是只追求短期效益，而是对研究进行长远的规划。

19世纪末电力革命发生的时候，科学研究的内涵已经发生了变化，科学研究开始变得复杂起来。在此之前，科学家进行的研究多集中在追求真理、探索自然规律和了解世界的奥秘。此时，科学和技术的关系越来越密切，完全的科学和技术分工已显得不合时宜。科学和技术的结合越来越适应社会发展的需求，科学与技术相互促进发展，基础科学的进展为新技术的发展提供了理论基础，技术更新又推动了基础科学的深入研究。这时，真理不再是抽象的真理，而应当具有实用的价值。当纯粹的科学探索不能单独成为高高在上、独立于社会需求的神圣活动，科学研究实用性的增强和科研成果社会化程度的提高就成为势必要解决的问题，这就要求科学技术体系内的各个组织深入交流，研究项目不再单纯地专注于对真理和真相的探索，基础研究开始走出象牙塔，为后续的技术发展和应用研究提供了广阔的空间。两次学术革命推动了研究内涵的扩大，不同性质的研究在与社会的适应过程中融合发展。

早期，基础研究及其一定意义上的应用目标在某些程度上出现融合。20世纪末，科学研究的内涵进一步拓展，科学研究不再仅仅是对人类普遍真理的探索，科学研究已成为国家战略发展和社会进步的手段之一，某些研究以国家和地区利益的实现为目标。基础科学研究逐步与应用性研究、技术创新联系整合在一起。同时，科学研究对知识的传承、拓展和创新发挥了越来越重要的作用。在这样的变化过程中，国家政策、政府对科学技术研究的资助正越来越与国家战略、社会发展需求相联系。

埃兹科维茨2004年提出创业型科学，即从基础研究中寻求商业盈利机会，将基础研究与应用研究相结合。科学技术成为继劳动力、土地、机器之后的又一生产力要素，大学作为主要的知识生产和创新机构，在社会发展中发挥了越来越重要的作用。当大学内完成知识生产和创新的教授们开始关注其研究的经济价值时，学术型的科学研究也转变成了可以产生经济价值的商品。创业型科学研究不再是简单纯粹的追求真理、追求人类世界的终极目标，达成个体追求的完善，其研究目标不仅仅出自知识逻辑自身的发展需要，更是在一定程度上满足社会发展的需要。

研究型大学和创业型大学的出现并非一蹴而就，而是随着大学研究内涵的变化而逐步发展起来的，是在复杂的内外部因素的共同作用下逐步形成并蓬勃发展的过程。

综上所述，两次学术革命的发生推动了现代大学发展的两次重要转型，将研究、社会服务、创业的理念植入大学发展中，推动了现代大学的变革与发展。创业型大学并非脱离于研究型大学而独立存在的模式，而是研究型大学运用了自身的科研成果，使之转化为经济收益，大学本身的经济价值得到实现的过程。因此，在这场大变革中，大学的研究功能再一次得到强化，研究功能的经济价值被放置于大学发展的路径之中。

3 区域创新系统与创业型大学

3.1 区域创新系统概述

区域创新生态系统的核心价值在于将具有不同价值体系、拥有各自功能的大学、企业和政府在推动区域创新发展的目标上形成统一融合的系统，推动形成了知识生产创新领域、政府管理与服务领域、产业实践生产创新领域的三力合一，为区域创新和社会发展奠定了坚实的基础，推动大学、政府和产业之间的系统创新和共同进步。区域创新系统的建设，重在打破不同主体的边界，形成几方共有的发展平台，找准大学、企业和政府各自的角色定位，达成平等、合作、共赢的发展理念，充分发挥各主体之间的优势，形成新的管理和运行机制。

20 世纪 90 年代初期开始，"区域"这一仅次于国家的空间概念成为学者讨论的热点之一，有关区域的理论探讨和新理论不断出现，区域在推动国家技术发展和创新方面的重要性得到提升。20 世纪 90 年代前期，创新和技术政策主要是以确保国家技术竞争力、提升国家经济增长为目标，在这一背景下，区域被视为国家政策实施的出发点，在区域内既要实现经济增长，也要追求平衡政策的目标。区域被看作是一个空间活动的有效架构。在区域内，组织通过外部动力和内部要素的结合来强化区域内的知识。

区域创新体系是由技术创新相关行为主体，各行为主体之间彼此交错联系，形成合力，推动区域创新而组成的生态网络系统。在这一系统中，主要包括生产企业、研究和开发机构、高等院校、地方政府等创新行为主体。区域创新生态系统能够推动区域内新知识和新技术的生产、传播、转移和转化。区域创新体系这一概念的产生也源自大学、政府和企业不同创新主体之间的合作。大学作为区域创新体系的创新源，在区域创新体系中的行为呈现主动融入的状态。

与传统概念相比，本书中的区域概念内涵有所扩大，并不特指建立在一定地域等自然特征基础上，不一定具有精确的面积，不必与政治实体相重合，而是基于特定的发展目标，具有形成产业集群趋势的一定区域。区域创新系统呈现总体性特征，一般由大学、政府和企业构成。在一定区域内，这些主体通过联系紧密结合，是一种特殊的关系总和。大学、产业和政府作为系统创新主体，依托各种资源，综合环境要素，彼此交织而形成的关系总和。区域创新系统中大学、政府与企业有着各自不同的发展目标和诉求，彼此交织、相互渗透，依存制衡，形成持续运动、趋向平衡的动态系统。

本章我们以美国为例，梳理其区域创新系统的形成、结构要素及特点，分析其形成背后的政策支撑及理论探索，希望能够通过对美国区域创新系统形成的分析探讨，为目前在我国大力推动的区域创新发展提供有益的借鉴和思考。

3.2 美国的区域创新系统

3.2.1 区域创新系统的形成

区域的发展离不开国家整体形势和环境的推动。创新的内涵也在发展中不断丰富，创新已经不再是单独的、具有发明性质或者创造特质的独立事件，它已经发展成为受多因素影响、呈现非线性发展，有多样的参与因素，多学科领域交叉的复杂系统。在这一过程中，价值的创造和实现贯穿始终。

美国的创新和科技发展一直位于全球前列，美国人一直以创新和变革立国，"美国人一旦停止创新，就不再是真正的美国人"的理念代表了其国人对于创新的不懈追求。美国国家创新系统的形成也经历了长期的过程，进入21世纪，随着全球竞争激烈程度的日益加剧，创新更是成为推动经济社会发展的核心动力。如何保持国家的创新能力，维护和更好地发展创新系统，成为举国热议的一个话题。

多年来对于创新的追求直接体现在产业部门兴起的技术创新浪潮，在美国逐渐形成了以政府—大学—企业研发实验室为主体的创新系统。20世纪90年代至今，美国创业型大学和政府、产业之间的联系达到一个新的高度，创业型大学在进行应用型研究、与产业紧密结合研发的过程中占据了绝对优势。区域内政府、民众对于科学技术的发展和创新所持有的态度，将决定创新能否在该区域占据主流观念形态。区域内提倡建立一种鼓励探索、敢于冒险、质疑已有的权威、容忍失败的创新文化，这些都成为区域创新系统的精神支柱。

美国区域创新系统的形成与其产业发展、大学功能拓展丰富、社会主流价值观、政策制度环境密切相关。第二次世界大战结束之后，美国大型制造业企业的组织结构随着经济发展的需要发生改变。为了提升企业的市场竞争力，部分企业内部开始建立研究机构，着手开展相关的产品研发和研究实验。通过此项工作，企业提高了产品的生产效率，优化了产品生产线和产品设计，以保障企业能够在激烈的市场竞争中获得优势。企业开展研究的行为在这一阶段初步形成。

同时，大学联合企业开展研发活动，推进技术转化的行为日益增多，两者的联系更加紧密。大学和企业的联合研发行为极大地影响了美国高等教育系统分权管理的发展，并逐步形成了新的研究资助体系。研究资助来源的多样化使得具有绝对科研优势的研究型大学在与企业联合过程中完胜。大学的研究范围、研发力度和规模都得到了迅速扩大和发展。美国大学所接受的公共研发资金主要来自于州政府，因此，大学与区域经济发展紧密地结合起来。在此阶段，大学主要是通过为产业发展提供所需要的技术人员、科学家、工程师，推进技术转化的方式与企业开展合作。这种联系使得科学技术成为企业发展壮大和产业提升的关键，科学技术得以创造和扩散。

20 世纪后半期，产业技术创新浪潮再次大发展，逐渐形成了政府—企业实验室—大学一体化的区域研发系统。在此阶段，政府在经济发展、旧有产业转型提升、新产业的形成等方面发挥了重要作用，在国家和区域研发活动中的地位和影响力急剧提升。尤其是 20 世纪 80 年代以来，美国政府在产业政策、研发政策、中小企业发展政策、知识产权和专利保护政策、科技教育政策的系列创新政策出台，有效地支持企业—大学—联邦实验室—政府在科学研究方面的合作，标志着美国国家和区域创新系统的初步形成。

3.2.2　区域创新系统的结构及要素

区域创新系统受大学、人力资源的数量和质量、企业家创新活跃程度、政府资助力度、政策法律及制度环境等多重因素影响。整个系统包括市场需求、创新投入、企业创新过程和创新产出四个部分。具体如图 3-1 所示。

区域内的创新活动要在适应和满足市场需求的基础上开展活动才有价值。价值在创新投入、企业创新过程和市场需求的契合上起着关键性的作用。各要素之间并非单向行进，彼此之间形成了一个相互影响、彼此依赖的状态。市场需求处于系统的前端，它决定着整个创新系统的基本走向。

区域创新系统的核心部分包括创新投入、创新过程和创新产出要素。创新投入来自于产业部门的研发投入、政府的研发投入、地方政府的研发投入。产业部门的研发投入一直是研发支出的主要部分，侧重于投向应用领域的研

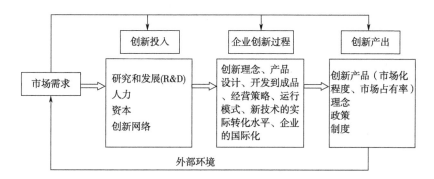

图 3-1 区域创新系统要素

资料来源：研究者自制。

究和转化；政府的研发投入更多地体现在涉及基础学科、国防研发、空间领域等方面的研究，庞大的研发资金主要流向公立大学和科研机构、国家实验室等；地方政府的研发投入更多体现在推动区域发展的研发合作项目上，地方政府通过与区域内的创业型大学、产业之间的合作，加快技术转移、加强基础设施建设等，推动形成区域以产业集群需求为导向的创新系统。

创新投入的规模和质量决定了区域创新的程度、范围和取得的效果。在区域创新活动中，研究与发展、创新人才、资本投入和创新网络的形成起到了重要作用。研究与发展包括了区域内所有机构的研究发展资源，决定了区域创新能力的水平；创新人才资源由区域内的科研工作者、工程师、具有创新精神的企业家和技术工人组成，是区域创新系统的智力库和人力资源；创新资本是用于投入区域创新活动、提高区域经济发展水平和生产力的资金来源，取决于区域内资本市场投资的规模、投向和产出比率；创新网络的形成使得整个区域创新系统成为一个合作整体，将区域内所有领域的创新活动囊括其中，成为交流和互动的平台媒介。

在区域创新系统中，企业是创新过程的主体，其创新理念的萌发、高效的管理实践、产品设计研发、新技术的转化都是创新过程有效体现的要素。从企业自身来讲，很长一段时间以来，创新一直被认为是创造发明、产品和技术的创新研发。随着企业发展过程中非技术因素的比重逐渐增加，企业发展的运营模式、人力培训、企业文化、市场布局等过程都体现了创新活动。

在企业管理实践活动中，如何看待创新活动和创新管理问题，是企业能够成功开展创新活动的关键。能够在企业中形成一种具有持续发展的创新组织环境、建立和维持有效的外部创新联系是企业管理需要直面的问题。

产品的设计研发过程是通过有效的渗透和系列活动，将新的设计理念、新生成的技术转化为有形的、契合市场需求产品的实现过程。产品的整个开发过程涉及产品的市场定位、设计、策划、营销推广、后续支持服务等多个阶段，是极其复杂的生产创新过程。

在区域创新系统中，基于市场需求，通过创新投入和创新过程，创新的最终目标是对社会进步产生积极有效的影响。创新产出包括创新产品的市场化程度、市场占有率，产生的理念，形成的制度，营造的新环境等。创新产出既包含常规理解中的物质生成，也包含了理念、环境等软性要素。如同生态系统中的生物链条一样，区域创新系统中的创新主体也构成了一条创新链条，形成了协同共生的生态系统。

创新过程实现的外部环境包括区域宏观经济发展状况、国家和区域的公共政策、基础设施、创新集群、创新文化等因素。区域创新的外部环境中，形成创新集群因素显得尤为突出。在特定区域内，一批关联性较强的企业、科研机构及相关组织形成产业集群，呈现理念互通、信息共享、资源互助、技术协调、人员流动的状态。在区域创新集群中，以知识密集型企业为主体，流动的技术、知识和人才资源是企业形成竞争优势的主要影响要素。集群内的企业、大学、其他科研机构、政府组成了区域内的创新系统。此外，区域内是否形成创新文化，是该区域创新活动能否成功的"精神要素"，区域内全体成员参与并愿意构建创新系统的状态、加强对创新过程的认识和理解、对创新采取开放和接纳的态度，是整个区域创新系统获得发展的重要推动力量。

3.2.3　区域创新系统的特点

在工业经济向知识经济过渡的现代社会，知识已经成为非常重要的社会资本，知识生产模式在社会中逐步确立，区域创新机制也随之发生变化。区域创新的广度和深度依赖于区域内大学、企业与政府之间的互动程度以及知识资本在各主体之间的流动和扩散，大学在此过程中逐渐成为创新型系统的核心，发挥着举足轻重的重要作用。伴随着这种创新模式的建立，创业型大学、企业和政府关系的重构成为重点。

3.2.3.1　创新主体从个体创新者转变为多元创新组合体

在传统的认识中，创新活动的主体一直被认为是企业。随着知识资本在社会生产中地位的逐步确立，社会创新活动越来越多地依赖于科学技术、知识的创新和进步。在区域创新系统建设过程中，大学、企业和政府都可以发起创新并在其中引领整个创新过程，由于知识和技术资本在新经济发展中的重要位置，大学越来越成为创新活动的核心机构。此时，新产品和新工艺的研发也发生了变化，研究和创新活动的复杂性使得联合创新远远比独立创新更为有利，各主体的创新活动更趋于合作与一体化。创新主体从个体和组织独立的创新转变为多元化的组合创新，创新主体的多元合作逐渐登上舞台。

3.2.3.2　创新组织模式发生改变

在区域创新系统中，大学、企业和政府三大主体的活动都突破了彼此的边界，通过相互作用形成新的网络系统，在彼此合作交融的系统中，三大主体分别承担了创新动力系统、创新实践系统和政策融合系统三个层面的功能。这是一种新的创新系统，它有着和以往不一样的某些特征，呈现出新的体系组织，这些组织可以将知识、政策、技术实践与市场有效联结，降低将知识、技术转化为生产力的交易成本，推动整个区域的创新发展。创新组织模式发生变化，由最初的单向输入输出形式逐步发展成为彼此交互、多向交叉的复杂模式。

新的创新系统本身呈现组织网络化特征，在该系统形成的过程中，衍生出大学孵化器、技术转移机构、科技园等混合创新机构，这些组织可以将知识、政策、技术实践与市场有效联结，降低将知识、技术转化为生产力的交易成本，推动整个区域的创新发展。

3.2.3.3　创新内容和创新机制向多维化发展

随着科学技术的发展进步，创新内容不再单纯局限于技术的更新和创新，在基础科学和前沿、应用科学层面，知识、技术的生产、创新和传播丰富了创新活动的内容。市场创新更多地对当地的经济发展具有直接推动作用，它在真正意义上并没有对技术进行革新，但是能够带动整个地区整体的创新水平。

与此同时，整个社会对创新质量的要求也提升到了新的高度，区域创新系统中的创新内容和机制朝多维方向发展。科学技术、管理知识等的创新能够帮助整个市场创新发展，调动市场里的资源和信息处理能力，分配各个组织的相互联合，相互交流。整个系统内的创新信息不再是单向的流动，在内容、层次、运行机制等方面向多维化方向发展，推动了整个创新系统的整合和快速发展。

3.3　美国推动创业型大学发展的政策脉络

美国的政治体制、社会文化造就了其别样的高等教育分权特征。美国联邦政府将高校的管理权交给各州政府，并不直接管理大学，各州政府也赋予大学充分的发展和自治空间。在各州政府的高等教育政策制定过程中，大学及其利益相关者拥有参与制定政策的权利和渠道，积极参与政策制定，表达自身立场和诉求，争取和维护群体权益，美国高等教育呈现出鲜明的"共治"特点。

美国创业型大学的发展离不开其所处的政策环境，一系列推动创新政策的出台为创业型大学的发展提供了适宜的土壤。通过对美国系列政策的梳理，可以看到自 19 世纪以来，美国的创新政策对于提升美国创新能力和国家竞争力方面起到了积极的推动作用，并形成了系列的法案体系，具有一贯的可持续性。

3.3.1　系列赠地法案推进了大学与产业发展的融合

3.3.1.1　《莫雷尔法案》的颁布首先推动了大学与产业的融合发展

1862 年，美国联邦政府颁布了《莫雷尔法案》（*Morrill Land-Grant Act*），通过联邦赠地的方式鼓励各州建立新型大学。该法案共有八条主要内容，其主要目的是要求各州用租售联邦政府拨的土地而获得的收入和基金资助建立农工学院，或在已有的学院中增设农业和机械工艺方面的课程。联邦以立法的形式明确规定，联邦依据国会议员的数量，按照人均三万英亩的数量向各州提供赠地。在该法案的推动下建立起的赠地学院承担起前所未有的新职能，即"推动不同职业的产业工人阶层的通识、实用教育"，"在不排斥其他自然科学和经典学科以及军事战术课程的情况下，教授与农业和机械有关的学科"①。政府可观的投入保证学院有经济实力来维持自身运转，大学得到更好的发展。

根据 1862 年《莫雷尔法案》创立或资助的康奈尔大学、麻省理工学院和加利福尼亚大学等，在美国农业及科学技术方面发挥了重要的作用，改变了只重视文化及经典教育而忽视农业及工程教育的传统，开辟了一条不同于传统高等教育的全新道路。美国高等教育的目标不再是单纯强调对古典学科的掌握，而更倾向于发展实用型教育。②

《莫雷尔法案》通过赠地和拨款的方式建立赠地学院，借以发展经济，振兴农工高等教育，培养农工建设人才。与传统的大学相比，赠地学院的课程设置、人才培养更适应社会发展的需要，更具有实用性。系列赠地法案的颁布在美国历史上具有里程碑意义：开启了美国历史上大学与政府的新型关系，实现了政府通过赠地和资金投入的方式，保证实施工业与工艺

---

① VERNE A. STADTMAN, etc. Berkly at mid-century: elements of a golden age ［M］. Berkeley: Berkeley Public Policy Press, 2002: 2.
② 夏梦梦.《莫雷尔法案》对于美国高等教育的影响研究 ［D］. 上海: 上海师范大学, 2014: 26.

教育的赠地学院获得发展具有稳定的经济来源；推动了美国大学和产业发展的融合，大学在转变教育理念、建立新的人才培养模式、完善服务社会的教育功能的同时，有能力在更广阔的范围内为州提供更多更专业的社会服务，这种服务精神的发挥和实践的扩展也在检验着大学发展与社会息息相关课程的质量与效率。

3.3.1.2 《哈奇法案》的颁布推动赠地学院研究成果的推进

1887 年，美国联邦政府通过《哈奇法案》（*Hatch Act*），美国政府每年划拨十几万美元来支持各州在大学内建立农业试验基地，同时支持赠地学院开展农业研究和相关技能传播。该法案更加关注赠地学院社会服务职能的发挥。《哈奇法案》的主要目的是在大学内建立农业试验田进行农业科研研究，以此来促进区域工农业的快速发展。大学开始向农业试验站进行资金上的资助和投入，形成了从教学到科研再到社会实践应用的教育发展模式。大学在发展中注重研究成果的推广和应用，关注农业生产实践中农民最关心的问题，使美国农业得到了迅猛发展，从而使得美国大众成为此次法案的受益者。

3.3.2 《拜杜法案》推动实现大学技术的商业化

1980 年，美国联邦政府为了鼓励高等学校更好地服务地方经济发展，颁布了著名的《拜杜法案》，其具体名称是《专利商标法修正案》（*The Bayh Dole Act Patent and Trademark Amendments Acts of* 1980），该法案连同 1984 年、1986 年增加的法案一起被称为"美国过去半个世纪以来施行的最具灵感的法规"。该法案的颁布基本涵盖了美国在实验室产生的所有发明和专利发现，它解决了由政府资金资助且知识产权由政府拥有，并能推动这些研究成果产业化的问题。该法案明确提出由政府出资开展的大学研究，其知识产权归大学所有。主要包括如下要点：除非大学声明放弃，联邦政府资助的研究发明归大学所有；如果所有权归属大学，大学必须申请专利并且应该不遗余力地实现商业化；大学必须与发明人分享许可收入；联邦政府享有免收许可费的非独占许可权，但此项权利仅适用于政府；如果相关立约者没有履行法案所规定的责任，政府保留采取行动的权力等。

在此法案之前，美国联邦政府与企业之间的联系较少，大学和企业之间也缺乏必要的沟通交流，社会产生的技术成果不能很快地商业化，许可权和专利权政策存在冲突，很多发明许可权不能很快地转化并授予私营企业，大学也不愿意将自己的成果转让。当时，美国联邦政府拥有的三千多项专利中，许多都是大学的科研成果与发明创造，但其中能够转化为商业价值的少之又少。美国规定政府机构资助的研究成果严格意义上属于联邦政府，大学需要在联邦政府的允许下开展科学研究，如果不经过与联邦政府的沟通协商、冗长谈判之后得到许可，就不可能从事科学研究。联邦政府明确由政府资助的研究发明所获得的专利权归政府唯一所有。在这样的环境下，企业和大学双方对于研究成果的转化及市场化表现都不甚积极。据统计，当时美国专利发明获准发放给企业进行技术转化的完成率不足5%。一方面，美国大学、科研机构、国家实验室拥有数量庞大的发明和专利成果，但大多搁置于文件档案中；另一方面，企业对于创新成果又有着非常迫切的市场需求。

《拜杜法案》整理了20世纪在大学、产业和政府之间的诸多实践案例，并推动大学知识产权合法化，成功激励了大学在产业、政府合作中的技术转移积极性。它创造了一个知识产权发展体系，将私人和公共利益结合在一个平衡的框架体系内，进一步放宽技术转让的政策环境，将专利权转移到了实际参与研究的大学及研究人员手中，极大地调动了政府、大学、企业的积极性。同时，它还解决了"搭便车"的问题，在此之前，企业之间会彼此合作，如果一个公司害怕持续投入技术研发的花费过大，另外一个公司会跟上来，借口说这项技术是由纳税人的钱资助进行的，要求得到和使用这项技术研发成果，从而出现了"搭便车"现象。《拜杜法案》将大学知识产权转移合法化，保证其他组织在获得其专有权时，大学能够拥有充分的技术产权。

《拜杜法案》考虑到刺激所有参与促进研究商业化的人，同时最大限度地增加这些人获得由政府资金资助进行知识生产和技术研发的机会。大学的技术转移现象存在于此法案发布之前，但该法案使大学技术转移合法化，并步入上升轨道。《拜杜法案》通过之后，美国各大高校成为真正的孕育科学研究、专利发明的沃土，高校研究人员拥有发明的专利所有权，在此基础上，大学科研人员开始成立自己的公司，大学也通过转让发明专利权获得收益，与大学科研和专利相联系的企业公司获得发展，提供的就业逐年增加，每年都能给美国政府带来几百亿的巨额利润。一时间，大学进行科技转换的热情空前高涨，越来越多的大学及科研机构将由联邦政府资助的科研成果转让给企业公司，所获收益归大学及科研机构所有。大量科研成果得以转化，驱动经济增长并给社会公众带来回报，极大地丰富了大学为社会服务这一使命的内涵。

从图3-2可以看出，《拜杜法案》出台之后，有效地促进了大学技术的商业转化，1980年到1999年，大学的技术转化出现阶段性的指数增长现象。

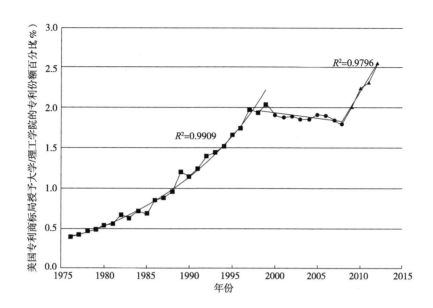

图3-2　美国大学和理工学院申请技术专利趋势曲线

资料来源：LOET LEYDESDORFF, MARTIN MEYER. Technology Transfer and the End of the Bayh-Dole Effect：Patents as an Analytical Lens on University-Industry-Government relations ［EB/OL］. ［2014-05-09］http://www. leydesdorff. net.

埃兹科维茨认为，"《拜杜法案》对于大学发展的推动作用等同于1862年的《莫雷尔法案》，后者提出为大学提供无偿土地，而《拜杜法案》为大学提供知识产权"①。《拜杜法案》将个体和公共利益结合起来，推动形成平衡系统，创造性地发展了有利于知识产权应用的体系，推动大学参与科研、实现科学技术转化和实践应用的积极性，从而实现大学技术商业化的进程。

3.3.3　20世纪90年代以来的系列科技政策持续推进大学与产业结合

随着冷战的结束，全球经济格局发生重大变化，和平和发展成为世界主题。20世纪90年代老布什政府上台之后，针对美国高新技术优势地位受到挑战的现实状况，在科技政策方面进行了一系列调整。1990年提交给美国参众两院拨款委员会的《美国技术政策》文件中，提出美国技术政策的目标是尽最大的努力来使用技术，以实现改进所有美国人的生活质量，保持经济增长和国家安全，"通过保持一个强大的科学和技术基础，一个有利于技术革新和技术推广的健康的经济环境以及通过发展具有共同利益的国际关系等措施来

---

① 亨利·埃兹科维茨. 国家创新模式：大学、产业、政府"三螺旋"创新战略［M］. 周春彦，译. 北京：东方出版社，2014：199.

实现"①。此阶段的科技教育政策突破了传统的政策制定框架，在重视基础研究、普及科技教育、提高教育质量的同时，着重强调科技成果和新技术的推广应用。在此政策的推动下，1992年初，美国联邦科学工程与技术协调委员会的五个下属分委员会分别完成了高性能计算机和通信研究计划、生物技术研究计划、新材料技术研究计划、全球变化研究计划、数学与科学教育计划。每个分委员会的计划都是在政策的推动下进行，设立明确的目标和实施程序，推动大学和企业的技术合作。比如，在新材料技术的开发研究中有四个主要目标：一是政府可以为了满足国家的发展计划而奖励自己的新材料研究项目；二是要建立和保持国家在这个领域的领导地位；三是要用各种方式鼓励企业员工和大学学生开展相关的科学研究；四是要尽量缩小从科学研究成果到经济价值的转化。四项战略目标明确提出要加快新技术的推广应用周期，鼓励大学和企业在技术推广应用层面合作。

克林顿政府时期，将科技教育政策提到了前所未有的高度，发表了一系列文件和声明，使有关政策更适应和平时期国家的科技进步与发展。1994年，克林顿政府《科学与国家利益》文件中明确提出美国政府的科学发展目标：保护美国在科学知识前沿的领先地位；增进基础研究和国家目标之间的联系；鼓励合作伙伴推动基础科学及工程学的投资，有效利用人力、物力和财力资源；造就21世纪最优秀的科学家和工程师；提高全民科学和技术素养。系列目标的提出给以知识生产和科学研究、技术创新为核心任务的大学带来了来自国家层面的战略需求，"在日益成为以技术为基础的社会中，私人部门的投资将由全球市场来推动，政府的财政和法规政策将促成和刺激这种投资"②。该文件在一定程度上表达了对私人部门推动技术应用的积极反应。1996年的《技术与国家利益》报告中提出，"只有私人部门具有管理新技术开发并使之市场化的复杂技能和能力"，同时承认"政府在提高和推动私人部门能力方面发挥着极其重要的作用"。它指出，"联邦政府在技术推动上首要作用是为民间创造一个市场环境，使其创新和竞争的努力得以实现。政府有责任为新技术的发展和商业化消除法律、政府规则和经济上的障碍，形成推动创新性的政策。政府应鼓励民用技术的发展、创新、商业化及其应用"③。

---

① 美国科学技术政策办公室. 改变21世纪的科学与技术［M］. 北京：科学技术文献出版社，1999. 转引自黄先智. 美国科技政策的演变及特点［J］. 云南科技管理，2003，(02)：50-52.
② 美国科学技术政策办公室. 改变21世纪的科学与技术［M］. 北京：科学技术文献出版社，1999. 转引自黄先智. 美国科技政策的演变及特点［J］. 云南科技管理，2003，(02)：50-52.
③ 美国科学技术政策办公室. 改变21世纪的科学与技术［M］. 北京：科学技术文献出版社，1999. 转引自黄先智. 美国科技政策的演变及特点［J］. 云南科技管理，2003，(02)：50-52.

3.3.4　21 世纪美国科技政策持续推进创新

进入 21 世纪，面对复杂多变的全球经济、政治环境以及国际反恐格局的变化，针对美国自身科技发展状况和科技研发现状，2001 年，小布什总统上任之初提出要实现"在信息化基础上的美国科技领先地位"，政府政策的主要目的是建立"网络经济"，支持高新技术产业尤其是信息产业，保证美国在全球继续保持经济和科技的领先地位。为此，政府出台了一系列推动科技发展的政策。2007 年 4 月，美国国会通过了《为有意义地促进一流的技术、教育与科学创造机会法》（*America Creating Opportunities to Meaningfully Promote Excellence in Technology，Education，and Science Act*），该法案启动了美国确保人才培养和促进国家创新与竞争力的立法程序，保证了政府在科技、教育和科技创新方面的授权拨款。这是一个涉及广泛政策的授权法，规定了相关机构应该遵循的政策、必须完成的特定项目以及可能发生的开支水平。拨款委员会还需要确定特定年份所需要开支的金额。

受金融危机的影响，2008 年以后，奥巴马政府集中力量提高美国科技研发能力。2009 年 9 月，美国发布《美国创新战略：推动可持续增长和高质量就业》的报告，希望能够激发民众的创新潜力，增强私营部门的创新和生产活力，确保美国经济发展更加强劲有力。美国创新战略由强化创新要素、刺激创新和创业、推动优先领域的创新三个层面构成，从创新层次由低级到高级组成了金字塔结构。各个层次的具体措施和支撑要素不同。美国政府积极推动公共部门的创新，启动投资 5 000 万美元作为社会创新基金的种子资金，用来资助富有成效、非营利的社会创新计划。

2011 年，美国国家科学基金会将"发现和创新提升国家实力"定为2011—2016 年的科技战略主题，明确了国家科技创新的绩效目标、评价与评估等问题，并强调国家科学基金会的科研项目会权衡科技参与方的利益，从而更好地满足社会需求。① 时任美国副总统拜登 2011 年曾在《纽约周刊》撰文指出，21 世纪国民的创新精神和创造力是国家真正的财富，美国必须将科技创新和教育作为国家发展的原动力，并加大对科技研发的投资力度。② 可以看出，这一时期美国在国家层面将教育和科技创新提升为国家发展的原动力，肯定和权衡科技参与各方的利益，并从政府、各级组织、企业、大学等多层面加大对科技研发和转化的投资力度。新世纪美国的科技研发战略在国家层

---

① 唐家龙，马虎兆. 美国 2011 年创新战略报告评析及其启示 [J]. 中国科技论坛，2011，(12)：138-142.

② JOSEPH BIDEN. China's Rise Isn't to our Demise [N]. New York Time，2011-09-07.

面以提升"创新"和"竞争力"两大主题展开，国家科技创新立体网络模式的建立对美国国家创新系统有极大的推动作用，从本土化逐步走向国际化，在此过程中，各类型组织尤其是大型企业在推动科技转化和创新的作用得到进一步提升，美国科技转化的社会化功能持续得到加强，为实现美国社会发展提供了大量的资源。①

3.4 创业型大学与区域三螺旋创新空间

在知识资本化时代，知识和技术成为社会可流动的资本，知识成为社会经济发展的核心要素。知识技术的生产创造首先产生于大学，但不再局限于大学内部，知识技术跨越大学组织的边界，呈现向社会弥散的状态。

按照亨利·埃兹科维茨的研究，在区域创新系统中存在区域发展的三螺旋空间，分别是知识空间、共识空间和创新空间。三个空间的创新系统彼此交错影响，共同形成对区域创新系统的推动。区域创新系统中，知识空间聚焦的重点是推动形成区域创新的动力源和创新环境，不同的参与者共同努力，通过创业型大学、科研机构等集中开展知识创造和技术研发活动，改善区域整体的创新条件；在共识空间，区域创新系统中各方力量统一交互，在区域创新发展战略的支撑下，创业型大学、政府和企业三方形成类似生物界 DNA 三螺旋往复发展、多重交互的关系；创新空间则是区域创新系统更高层次的表征，在区域创新空间内，区域内各组织共同努力，实现彼此在共识空间形成的发展战略和目标，在创新协调管理和服务组织（各级政府）的引导下，利用吸纳社会风险资本投入等形式，加强创新动力组织（创业型大学）与创新实践组织（产业相关企业）之间的联系，使资本、知识、技术和社会市场需求相协调，实现组织创新活动。知识空间、共识空间和创新空间并非严格呈线性发展，理论上，创造创新活动可以开始于其中任何一个空间。三个空间彼此依赖，任何一个空间的缺失都不可能实现区域创新系统的完整形成。

以知识为基础的区域创新系统呈现三螺旋创新空间状态：状态大学作为系统内的创新动力源，是研究创新活动的起始端，构成前向创新活动；源于市场需求的逆向创新处于创新空间的另一端；连接两端之间的辅助创新组织是研究中心、技术转移办公室、孵化器、科技园等机构。在创新空间中，来自研究和市场需求两个方向的创新活动交汇融合，推动具有研究导向的大学创新活动与市场需求导向的公司创新活动发生相互作用。创业型大学、产业

① 马欣员. 美国科技政策发展模式对我国创新型国家建设的启示 [J]. 延边大学学报（社会科学版），2014（01）：106-112.

与政府三方共同参与，为区域创新系统的建立协同合作（详见图3-3）。

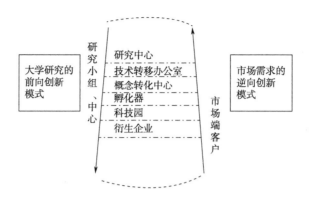

图3-3　区域创新系统创新空间架构图

资料来源：研究者自制。

在管理分权特征明显的国家，政府推崇由市场这只"看不见的手"去调控经济发展。在大多数时候，政府在区域创新系统的推动过程中，更多的是进行政策的梳理和制定。在创新活动的直接推动方面，创业型大学和产业成为区域创新活动的组织者和引导者。区域中，创业型大学可以在知识技术转化过程中选择合作伙伴，并且在与合作伙伴、企业公司之间相互作用的过程中，逐渐居于创新过程领导地位。以美国斯坦福大学为例，硅谷的形成最早就起源于斯坦福大学19世纪末鼓励其学生创建公司的创业活动。硅谷早期的建设者们开始意识到大学的技术转化和发展需要有公司作为支撑，如果没有企业的支撑，大学只能依靠政府财政的支持孤立发展。同时，工程技术类公司的存在有助于稳定大学毕业生的选择。以相关产业的发展为基础，可以推动大学的自我发展。

对于创业型大学的存在和发展，尽管存在种种质疑的不同论调，认为创业型大学使大学渐渐丧失了其最初的高尚和神圣，但任何不同的声音都无法阻挡历史车轮的滚滚向前，创业型大学作为区域创新系统中推动社会进步和经济发展的核心动力源，我们依然要坚定地关注它。

4 区域创新系统中创业型大学的外部组织行为

区域创新系统并不是稳定不变的结构，其建立和发展取决于区域内知识、技术生产、扩散、实现资本化的过程，区域创新系统的形成依赖于以知识生产和技术转化为特征的区域创新网络的形成。这个创新系统涵盖了以创业型大学、政府和产业部门在内的多个组织主体，三者间形成交互影响、和谐共生的三螺旋关系，并发挥积极的创新推动作用。

创业型大学外部组织行为的主要表征体现在区域创新系统中创业型大学与政府、企业往复发展的三螺旋关系、三主体之间的博弈与合作。区域当中的政府、产业实体与创业型大学共同协作改善区域的创新条件，彼此相互作用，形成区域创新系统。三大主体各自发挥特有的作用，开展创新活动，打造区域创新空间，进而推动区域经济和社会的发展进步。本章将从创业型大学外部组织行为的视角，基于区域创新系统建设，重点对创业型大学与政府、产业之间的交互作用和博弈合作行为展开研究。

4.1 区域创新系统的三大行为主体

区域创新系统内的政府、创业型大学和企业能够形成和促进新的合作与创新，在一定区域内彼此影响，相互作用，达成制衡，互相渗透，共同发展。实践中，创业型大学内部衍生出部分的创业功能；企业与创业型大学建立起密切的产品研发、技术转化与合作、人才培养与继续教育培训等关系；政府统筹规划，积极协助企业和大学开展合作，建立技术研发中心，推进知识技术创新和实践转化。三主体形成三螺旋关系，各主体交错影响，共同发展。

4.1.1 区域创新生态系统的行为主体之一——创业型大学

在区域创新生态系统中，创业型大学是整个系统知识生产、传承、科学技术更新转化的主要机构，利用其所具有的组织资源、人力资源优势，成为知识、技术生产传承和应用转化的直接参与者和动力源泉。

一个良好的创业型大学能给区域创新生态系统带来创新的血液，发挥举足轻重的作用。创业型大学以促进区域经济和社会发展为目标，更要提高自身的科技创新水平，加速高新技术成果的转化。对于区域创新生态体系而言，创业型大学的作用主要表现在以下几个层面：①创业型大学通过开展以高新技术研发转化为基础的创业活动，服务区域经济发展。大学不仅通过对知识的学习来进行知识基础的传递，而且更侧重对人才创新思想的引导和培养，这种学习模式和知识的积累，以推动和解决国家和区域社会发展中的重大战略任务为目标，在发展中更注重科学技术与实际的接轨，提高其实用性，促进科学技术向生产力转移；通过与企业的合作，创业型大学能够获得一定的投资资金，这反过来也促进了对科学技术的投入，从而可以更好地服务企业和社会。②创业型大学积极创新，它们承载着推陈出新的理念，让学校内部或和外部的活动和行为更容易被普遍接受，同时推进创业资金的回收利用。③创业型大学还能在一定程度上保证专利的唯一性，在竞争关系中维护知识产权。

连接大学和企业的还有一些中间性质的机构，如大学科技园、技术转移中心等，这些机构对大学和企业的交流合作具有促进作用，可以对区域创新创业行为予以有效的推动和支持。创业型大学有着强大的科学研究实力，更注重创新开发，通过与企业的合作，能加快企业的发展，并能带动周边的一些产业公司向前发展，成为区域创新生态系统中的创新领军组织。

4.1.2 区域创新生态系统的行为主体之二——政府

在区域经济的发展中，政府的干预必不可少，它通过推出相关政策来引导学校和企业，以一个生态系统中主导者的身份出现。政府与企业、学校不一样，政府只是提供政策倾斜，自身并不会投入创新工作中，但政府可以对这种模式进行宏观掌控，营造出一个创新发展的环境，引导创新机制发挥作用，生态系统内部潜在创新资源的发现和挖掘同样需要政府的帮助。

政府对区域创新生态系统的推动作用主要体现在两个方面。第一，信息层面的供给和交流。政府可以向企业和大学提供科技信息，为双方搭建交流共享的平台等。第二，制度建设层面。政府积极出台推动创新发展相关的政策、报告，颁布法律、法规等。政府在区域创新生态系统中的定位决定了政府既要为区域创新生态系统营造良好的硬件环境，又要制定相关的法律、法规和制度，为创新生态系统营造一个良好的投资环境和创新环境，还必须协调好各个主体、各环节之间的利益关系，调动和充分发挥各方面的积极性、创造性，推动提高整个区域创新的整体竞争力。

政府在区域创新生态系统中扮演着桥梁和平台角色，通过积极参与营造创新氛围，使知识、技术和信息资源的传递与扩散更加准确和有效。政府和各级地方政府对创业型大学的基础建设、科研项目予以资金支持，合作开展研究项目，共同建设实验室，通过交流与合作，实现对区域创新生态系统的建设和推动。

4.1.3　区域创新生态系统的行为主体之三——企业

企业是推动区域创新生态发展的承载主体，是实现创业型大学科技创新的有效途径。企业是最直接的经济体行为主体，也是整个区域创新生态系统中最直接的投资主体，是创业型大学开展技术科学研究的服务对象。在政府政策法规的引导和规范下，企业为了谋求自身的发展，会积极观察市场的走向和需求，同时根据环境因素，与大学达成某种合作关系，选择能促进企业长远发展的产业技术，和大学联合研究，开展创新项目，投资期待更高的回报。企业还可以成立内部的创新研发机构，面向社会和大学联合进行研究开发，推动自身的发展。大学、企业和政府组成的区域创新生态系统中，企业是整个系统中的实现主体，是系统高效运行的指示窗口。企业只有拥有不断创新的理念，才能更好地向前发展，而这一创新理念受大学和整个社会营造的创业环境的影响。企业与创业型大学紧密合作，不断获得来自大学源源不断的科技创新，实现资源的交流合作和共享，在激烈的市场竞争中占领先机。

总而言之，创业型大学、企业和政府形成的区域创新生态系统中，每个主体要素都发挥着不同的重要作用，共同完成从知识技术生产创造到成为社会生产力的全过程。在这三个主体要素中，企业是将创新理念转变成生产力最直接的步骤，通过大学创新活动的转化和自身的研究部门一起，将整个网络联通起来，加强整个区域创新活动的激活能力；创业型大学使得大学参与区域创新系统建设更加自由；政府在区域中主要是提供优质的软硬件环境，加强管理和服务，并不直接参与创新理念的转化。三者共同完成整个区域创新生态系统的构建。

4.2　区域创新生态系统中三大主体的联结

区域创新生态系统中的联结指的是结点之间正式和非正式关系的总和，还包括在结点间起桥梁作用的各种中介组织。结点与结点的连接方式和渠道就是网络的联结，联结是资源、信息等流动的路径，它是各个组成网络结点的行为主体在参与创新的活动中，彼此之间通过产品、服务、资金等资源的交易以及知识、信息等的流动和扩散等，建立起来的相互联系。区域创新生态系统中各结点之间的关系联结，既是知识、信息和技术传递扩散的关键渠道，也是知识、信息、技术等在扩散过程中创造价值或知识增值的"价值链"。因此，区域创新生态系统中的关系联结也比较复杂，每一个结点都有可能与其他结点直接地或间接地进行连接与合作。结点作为一个生态系统的枢纽，是生态系统网内能够产生、消耗创新元素、资源的行为主体。结点纳入生态系统之中，每一个结点都实现创新，带动所有周围结点推动整个系统创新能力的提升。同时，每一个行为主体在区域创新系统中都有不同分工，受到达成目标等多种因素的影响，从不同的出发点产生各自特有的功能，推动整个系统的发展。

借用组织生态学中结点的概念，区域创新生态系统中的创业型大学、政府和企业在参与整个系统创新的过程中具有各自的组织结构和角色定位，通过整合行为主体的内外要素，推动区域创新系统的形成和升级发展。

区域创新生态系统中，创业型大学、政府、企业彼此之间的联结决定着整个生态系统创新行为的呈现形式和发展方向，三者之间的联结主要有以下几种形式：政府与企业的联结、政府与创业型大学的联结、企业与创业型大学的联结、企业之间的联结、大学之间的联结。创业型大学、政府和企业三个行为主体之间的联系是双向的，它们以提高协同创新能力、实现创新为目的，通过积极的活动把各自的物质、信息等资源联系起来，利用它们之间在资源上的互补性，彼此渗透。在突破原有边界的前提下，使知识、技术、信息等资源在区域创新系统内迅速融合扩散，使创新资源在流动中重组，进而形成一种协同创新的能力，推动区域创新活动的产生。如果各行为主体互不来往交流，则距离再近也不能产生协同作用。正是由于各行为主体之间建立了网络联结，才使各行为主体之间实现了资源共享，发生协同作用，进而产生了大量的技术创新。

4.2.1 创业型大学、政府和企业建立联结的基础

从实践来看，一方面，大学、政府和企业在发展过程中都面临着大量无法依靠自身力量解决的问题。大学在发展过程中普遍面临着两个越来越突出的问题：一是所培养的学生不能适应经济与社会的发展；二是经费不足。而企业，特别是高新技术企业面临着缺乏优秀人才与优质科研成果、技术创新能力不足的问题。政府则面临着有关社会失业、地区发展不平衡、区域竞争力减弱等问题。另一方面，大学拥有知识、科研成果和人才优势；企业拥有充足的资金、敏锐的市场洞察力以及强大的科研成果转化能力；政府则是国

家政策、规章制度、法律法规制定与颁布的主体。在这种情况下，大学、政府和企业三者之间都存在合作的愿望与基础，基于此，三者之间建立了一种紧密而有效的联系。创业型大学通过与企业合作，将科研成果经过测试转化为现实的生产力。在此过程中，大学自身也获得了经济收益，补充了大学发展所需的办学和科研经费，从而更好地推动科研与教育工作，培养适应经济竞争与社会发展的创新型人才，进而推动区域经济发展。企业则通过与创业型大学的合作，获得了产品创新所必需的人力资源和技术资源，同时也为社会增加了就业机会。政府则通过提供一种鼓励和规范大学、科研机构、企业之间进行合作的新型机制，为创业型大学与企业的合作创造良好环境，使创新资源实现有效配置，最终使区域创新系统获得健康发展。在彼此的交流合作中，大学、政府和企业的优势都得到了充分发挥，各自面临的问题得到了解决或缓解，创新能力和水平得以提高，区域的整体创新和竞争力水平得到增强。

4.2.2　创业型大学、政府和企业联结的形式

在区域创新生态系统中，创业型大学、政府、企业作为三个行为主体，彼此之间的联结决定着整个生态系统创新行为的呈现形式和发展方向。创新生态系统内结点之间正式和非正式的交换、交流、交易关系的总和构成了动态互动，三者之外的中介机构则是正式和非正式关系的一个重要补充。在相互联系的系统内，人才、技术和资金这些重要资源相互循环，最终产生了巨大的收益。

创业型大学在知识资本化的过程中产生，在大学与政府、企业合作的进程中发展，成为现代大学行使大学使命与回应市场价值诉求的统一体。在区域创新生态系统中，创业型大学成为联结政府、大学与企业间的一个组织节点。

协同指的是系统中诸多子系统相互协调、合作或同步联合发生作用所进行的集体行为。协同是整个系统整体性、相关性的内在表现。[①] 在区域创新生态系统中，各创新主体之间保持着多种相互关联，各个主体受到其他组织的影响，随其他组织的变化而变化，并在相互作用中实现自身的价值。区域创新生态系统中各行为主体之间建立网络联系的方式有两种：一种是通过各要素本身的自我交流，相互沟通，面对面地建立起网络，这种形式比较随意，以自由交流为主；另一种是通过较官方的正式合作建立起某种联系，这是基于市场的交易活动。

---

① 吴彤. 自组织方法论研究 [M]. 北京：清华大学出版社，2001：49.

与区域创新生态体系中其他创新主体形成良好的协同创新，成为创业型大学必然的行为路径选择。为了加快创新型国家建设的步伐，协同创新已经成为提高组织自主创新能力的最佳实现方式。各创新组织要打破彼此间的壁垒，构建创新网络，实现各要素之间的整合。

工业经济向知识经济发展，大学中学科的发展呈现由分化到融合的特点，跨学科研究成为创业型大学学科发展的显著趋势，随着科学研究的深入，跨学科研究成为必然。基于大学学科发展的特点和需要，创业型大学逐步出现多学科交叉研究机构，涉及社会发展的战略性问题、科技尖端领域的前瞻性问题、产业发展的关键突破性问题、社会发展涉及民生的公益性问题以及区域发展的重大问题，都是创业型大学需要着力研究的问题。

创业型大学加快与产业企业、政府以及其他学术研究组织的合作共建，共同开发建设跨学科、跨组织边界的研发中心和技术转移中心，推动产业结构的优化升级。创业型大学在进行人才培养和科学研究同时，积极考虑教学与科学研究的互动，培养应用型、复合型创新人才，有效发挥大学的技术转化和创业职能。

4.3　三螺旋框架下各主体的博弈与合作

根据三螺旋创新理论，创业型大学、产业企业与政府共同构成了区域创新系统中相互依赖、共生共荣的三大创新主体。在实现区域创新的过程中，三方密切合作，呈现彼此互惠、协同创新、利益平衡、合作共赢的紧密关系。

区域创新体系中，三者之间的博弈，有合作，有依赖，有竞争，主要表现为创业型大学与政府之间的博弈行为、大学与企业的博弈行为、创业型大学与传统大学的博弈以及创业型大学的合作。

4.3.1　创业型大学与政府之间的博弈行为

提及大学与政府，自大学产生之日起，两者之间的关系就是一个无法回避的问题。三螺旋理论产生之前，大学与政府之间的关系可以简单地归结为两种，即政府干预和放任自由。

在政府干预模式下，政府处于主导地位，大学处于从属地位。从政府的角度来看，大学需要加强引导和管理。这种模式的极致就是政府直接管理大学，政府管控延伸到大学的各个领域。在这种模式下，一方面，政府越俎代庖，伤害了大学的民主和自由精神，妨碍了大学的自主发展；另一方面也助长了大学对政府的依赖。大学与政府的关系处于一种不对等状态下，政府行为涉及大学的各个方面，大学的教学科研活动都是在政府的指令下开展。大学的行为表现出与政府期望的高度一致，大学与政府之间是一种简单的上下级关系，并没有形成互动共生的博弈关系。

在放任自由模式下，大学和政府之间彼此保留机构的独特性，注意保持边界。大学与政府之间保持一定的距离，各自在自己的领域内运行，政府发挥的作用非常有限，只有在市场失灵状态下才发挥作用。在这种模式下，大学和政府之间保持着有限的相互作用。双方各自独立，很少发生直接联系。在这种状态下，大学与政府的博弈，合作与竞争行为并不突出。

随着大学逐渐成为社会知识生产的核心机构，大学在区域经济发展中的位置越来越重要，在以知识为基础的现代社会中，国家干预和放任自由模式下的大学与政府关系已经无法适应现代社会对技术创新的要求。

基于三螺旋模型，创业型大学、企业和政府之间形成了一种新的复杂交织关系。在这种关系中，大学承担了区域创新体系中新技术、新知识创造者和提供者的重要角色。传统大学与政府的关系必须完成重构再造的过程，对以往模式的超越成为一种必然选择。大学不再是远离现实世界的难以触摸的神圣之地，在新的社会需求下，大学成为区域创新活动的核心机构，政府和企业成为知识创新的合作支撑机构。在这种情况下，创业型大学、政府和企业之间的关系除了表现为相互促进、共生共赢的合作关系之外，还表现出两两创新主体之间的竞争行为。

创业型大学以知识技术创新服务于社会经济发展为目标，注重知识技术转化的实际效用，倡导勇于实践的创业组织文化。创业型大学在保留传统大学教学、科研、人才培养的基本功能同时，还承担着开展知识生产创新和推进技术转化的创业功能。创业型大学以上功能的实现，离不开政府提供资源、政策、制度环境的支持。在这种模式下，创业型大学与政府之间产生合作与竞争的博弈行为。

创业型大学与政府之间的博弈行为表现为以下几个方面：

首先是大学与政府间的权利博弈，创业型大学在推动知识生产和技术转化的过程中，既要与政府、企业发生关联，又要在彼此交织中保持相当程度的组织独立性，创业型大学需要有很强的战略决策的自主性。大学作为社会知识技术生产的核心部门，必须保持自身学术独立，在自己的学术运行逻辑下发展。亨利·埃茨科威兹曾指出，"尽管三螺旋能在独裁主义条件下存在，但完善的三螺旋总是出现在创新活动能自由被构想的民主社会中"①。因此，

① 亨利·埃兹科维茨. 三螺旋：大学·产业·政府三元一体的创新战略 [M]. 周春彦，译. 北京：东方出版社，2005：80.

重新界定政府与创业型大学之间的权、责、利关系，是大学自由进行学术创新和推进科技转化的重要保障。大学与政府彼此间的权利博弈是双方最基本的博弈行为。

其次是大学与政府之间的制度博弈。创业型大学的创业行为离不开必要的制度保障和环境支持。从制度供需来看，政府是大学外部制度政策和环境的提供者，为了保持创业型大学知识创新的热情，具有持久创新的发展动力，政府需要提供有益的制度环境对大学的发展加以保障。政府作为整个社会制度的制定者，并不一定能够对所有的需求和变化都予以及时的反馈和保障。因此，大学会同政府展开博弈，通过各种途径向政府表达诉求，描绘新制度施行之后能够产生的预期效果。就吸引优秀人才促进知识创新而言，仅仅依靠大学一方的力量远远无法实现，大学会要求政府制定出台相关的推进和激励政策。面对来自大学的利益诉求，政府通常会主动或被动地做出回应，政府通过制定或完善相关的政策法规，为大学创新行为提供良好的外部环境保障。政府的产业政策对创业型大学的发展具有重要意义。在知识经济时代，知识资本化的过程中，政府的推动作用不可或缺，有学者认为，间接的、权利下放到地方、横跨组织边界的创新政策，因为能够考虑到区域差异，体现自上而下的理念，可能比传统的直接创新政策更为有效。①

最后是财政、土地等资源的博弈。大学开展日常教学科研活动需要大量人力、物力和财力的投入。三螺旋创新系统中的创业型大学已不同于传统的教学或科研型大学。随着技术转化的推进，相关产业、企业和政府对大学提出了越来越多的要求与期望，它们期望能够获得大学的积极回应。事实上，创业型大学积极回应政府、企业和社会的要求，但在回应这些外部利益群体诉求的过程中又无法避免地会受到各种资源供给者的约束。在这一过程中，创业型大学不可避免地会与政府、企业进行博弈，以便从这些利益主体获得更多的外部资源支持。大学经费不足，大学科技园区建设、推进新技术孵化等都需要来自外部的财力和资源支持，大学和政府之间围绕财政和土地资源而展开的博弈日趋凸显。

大学与政府的博弈行为不仅体现在以上三个方面，还存在于大学发展的方方面面。双方的博弈既有合作又有竞争，既有共生也有相互的攻守。双方的博弈行为一方面有利于推动创业型大学的整体发展，有利于优化创业型大学的技术转化环境，促进大学在区域创新系统中的知识创新与技术转化，激发大学的创新热情与创业活动；另一方面，双方的博弈可以营造创新文化和

---

① 亨利·埃兹科维茨. 国家创新模式：大学、产业、政府"三螺旋"创新战略［M］. 周春彦，译. 北京：东方出版社，2014. 117.

环境，有利于推进社会区域创新体系建设。

4.3.2　创业型大学与企业之间的博弈行为

在大学日益成为社会创新和知识生产中心机构的今天，大学和企业虽属于不同的组织体系，基于社会发展和产业需求的变化，双方突破各自边界，大学和企业之间的功能产生一定的交叉融合，原本独属于一方的职能现在产生了重叠，大学具备创业功能、企业具备部分的技术转化和研究功能，都在改变着人们的传统认识。

创业型大学日渐成为社会知识生产和技术创新的核心机构。大学开始利用自身的知识技术优势成立孵化器和技术转移中心，创业型大学通过投资创办公司直接进行技术转化和创新，承担了产业生产的功能。在知识和技术转化创新的系列链条上，大学已经开始从传统的上游位置延伸拓展到产业生产的中下游，这就与长期开展实践生产的企业形成了一定的竞争博弈关系。

众多企业通过开展人员培训和成立企业研究院等机构开展技术研发，有的企业甚至建设企业大学，承担了大学的部分职能。企业大学的现象也在蓬勃发展，目前全球建设有近6 000所企业大学，成为联系学术界和企业界的桥梁，这些研究转化机构也被企业视为实现其发展战略的重要举措，是企业培养适应实践需要的人才的重要平台。正如亨利·埃茨科威兹所言，"当大学增加与知识资本化相关的创业活动时，现存产业可能同时既把它看作是竞争对手，又把它看作是合作伙伴"[①]。

大学和企业彼此交融，呈现出互动博弈的关系。在合作方面，创业型大学和企业共同推进区域创新体系建设，在合作中实现互补共赢。大学作为知识智库和科技研发创新基地，为区域创新建设提供创新型人才，推进科学技术的研发及转化，提升整体区域的创新水平。创业型大学积极与区域企业建立联系，合作发展，通过技术研发和创新研究为企业提供具备实践应用和推广价值的研发技术；企业则依托大学的科研成果，积极研究和适应市场和社会发展需要，与大学合作不断推出新产品，为区域创新发展做出努力。当然，大学和企业的关系中也不可避免地会出现利益竞争和价值冲突。

以市场为导向的企业公司也会从事技术研究，希望通过不断的革新适应市场变化，并为它们的研究成果寻找市场。企业研究机构将它们的研究报告、论文、技术专利与大学一起竞争，努力从政府获得创新项目的资助经费，这

---

① 亨利·埃兹科维茨．三螺旋：大学·产业·政府三元一体的创新战略［M］．周春彦，译．北京：东方出版社，2005：52．

样就不可避免地形成了企业与大学之间的竞争关系，具体表现在人力资源、政府资助项目、技术革新产品的市场竞争等几个方面。

除了行为方面的竞争，大学和企业之间还会产生一定的冲突。创业型大学与企业分别处于社会体系的不同位置，大学处于科学研究场域，而企业处于市场经济场域，它们各自担负着不同的组织职能，遵循着不同的行为逻辑与价值准则，在产学研合作中不可避免地会出现学术价值与商业价值的冲突。

从根本上讲，创业型大学虽然与产业的发展紧密相连，但其根本任务之一依然是从事学术研究，其目的与价值主要体现于探求真理，生产和创新知识。企业则主要从事应用研究和技术开发转化，其导向在于追求财富与经济效益。知识技术的生产创新自然要求大学能够自主、共享，以推动符合其发展逻辑的再创造；而企业为了保持在相关领域的竞争优势，实现自身利润最大化，通常会要求科研人员对最新科研成果进行保密，或鼓励未成熟的研究成果提前发布，有时还会存在夸大研究成果而不是精益求精的进一步予以验证。另外，在一些企业还会出现阻止企业研究机构发表研究成果，减少与同行交流研究成果和研究方法等现象，这些都与企业市场导向和利益最大化的目标直接相关，这种价值判断和在此指导下的企业行为与大学公开、共享的价值准则是相悖的。在创业型大学中，对于同时拥有大学教师与企业创业者双重身份的个体来说，这两种价值冲突在他们身上表现得尤其明显。

除了这种学术和商业价值的冲突之外，大学和企业在开展具体项目合作的过程中，在选择怎样的研究项目以及项目的完成标准等方面也存在博弈。

在项目的选择和确定方面，大学主要偏向于是否有学术研究价值，更侧重于研究课题的探索性和创新性；而企业则更多地对研究的实践和应用感兴趣，侧重于对存在市场需求的项目进行开发。两者的不同也集中反映在彼此科研项目的推广上，传统研究型大学的大量科技成果由于与市场接轨程度较弱而难以推广，企业的科技创新需求得不到较好的满足。而创业型大学则在此方面前进了一大步，其研究取向在保持科研项目的探索性和创新性的基础上，更加强调科研项目的实践应用与转化。在判定科研项目完成的标准方面，大学与企业也存在冲突。大学对科研项目完成的认定多以科研论文、知识专利等作为指标衡量；而企业则要求科研项目具备可转化、批量生产和市场推广的特征才算完成。

同样，在区域创新体系建设过程中，大学与企业的博弈行为，无论是彼此的合作共赢，还是相互的竞争，都从另一层面呈现出积极作用。企业与大学的竞争与冲突可以在一定程度上提高大学的竞争意识，从社会发展实际需要的角度帮助大学更新观念，重新审视大学的教学、科研和社会服务职能。

通过与企业的竞争博弈，创业型大学更加迫切地关注社会需求，提升主动服务区域社会发展的意识，推动科学技术成果转化。这样的驱动能够加速区域创新体系内部产学研的有机结合，推动创业型大学的快速发展。

新时期，大学与企业的关系发生了新的变化，大学与企业之间的合作变得紧密而多元。知识和技术的创新转化已经成为社会竞争的核心力量，各国为了提升国家和区域竞争力，发展的战略重心逐步转移到直接对提升经济发展有益的知识技术创新机构，对大学的财政支持也在发生变化。大学作为知识生产和技术创新的核心机构，企业作为知识和技术的实践应用和推广单位，双方存在共同的结合点，自然能够在新形势下建立互惠互利的合作关系。大学与企业的合作能够促进区域经济的发展，能够满足大学学科持续进步和发展对各种资源的需求。大学与企业、政府合作，不仅能够获得必要的财政经费、学生培养的实习基地和必要的人才就业途径，而且能够在合作中为大学科研成果的转化提供重要的实践基地。大学与企业的合作主要表现为企业为大学提供经费资助，优化大学学科和人才培养结构，促进科研成果转化和知识更新；大学推动产品更新及其市场应用。

这种合作为创业型大学的发展带来了可持续的变化。

首先，它丰富了大学办学经费来源。大学经费来源的多元化已经成为现代大学发展的现实。原本仅仅依靠大学自身以及政府对大学的经费资助，已经远远无法满足大学快速发展所需要的经费需求。大学需要与政府、企业开展多方的合作，获得额外的财政和资金支持，以维持大学的可持续发展。大学日渐成为社会发展的助推机构，是社会新知识生产的发生地，知识和技术已成为社会发展的第一推动力。而大学经费困难的现实必须通过大学与其他组织的合作来缓解。知识和技术专利的转化成为大学和企业合作的一种有效形式，也成为大学扩充经济收入的一大亮点途径。

其次，大学通过与企业的合作，能够优化人才培养和学科结构。大学通过与企业、区域创新体系的互动融合发展，需要更好地融入合作，把握需求，把握市场对于人才需要的动向，并根据社会发展需要对人才培养做出适当的调整，融旧布新，优化大学的学科、专业建设和人才培养结构。大学在发展与合作过程中，企业和政府的新需求也在推动大学追踪研究最新的学科和技术发展动向，根据社会发展的现实需要开发科研项目，提升大学的综合科技研发实力，优化科研结构。由于市场在大学发展中的有力介入，竞争机制和效益观念也逐步融入传统的大学理念中，大学要在激烈的竞争中立于不败之地，在持续的竞争中占得先机，就必须提高自身的教学质量和人才培养模式，培养学生的社会服务能力，通过改善人才培养结构，为社会、企业、政府提供适应时代发展的有效人力资本。

最后，推动大学科技成果的实践转化。作为社会知识生产和科学技术研发创新的核心机构，大学每年都有大量的科研成果产出，科技成果的转化率成为大家关注的一个重要问题。现实中往往存在科研成果高而转化产出率低的问题，大量的科研成果被束之高阁。而大学与企业的进一步合作能够最大限度地推动和实现科研成果的产业化、市场化，大学和企业一起站在了生产技术革新的前沿，推动了社会的技术创新和转化。

在区域创新体系建设需要的推动下，大学与企业之间势必需要努力形成培育一种融合学术价值和市场商业价值的共生文化，创业文化应运而生。创业文化倡导学术与创业相结合，大力支持知识创新和科技成果转化，鼓励学术文化与商业市场文化的融合，创业、创新精神是其精神内核。创业文化的产生协调了大学与企业在合作中的竞争与冲突，大学与企业需要做到资源共享，共荣共生。大学与企业需要建立畅通的沟通渠道，建立高效的沟通方式，全方位实现可持续的合作发展。

4.3.3 创业型大学与传统大学之间的博弈行为

大学属于资源密集型组织，大学的有效支撑与运转需要大量的资源，包括人力、物力、财力以及政策支持。维持大学生存和发展需要的大量资源并不能完全依靠大学自身提供，大学的发展需要来自社会、政府、企业、个人以及其他大学等多方的支援和支持。大学是独立的办学主体，筹措自身发展壮大需要的资源是现代大学的一项重要任务。而在一个社会体系内，资源的总量是保持一定规模的，各种资源的分配尤其是稀缺资源的获得就成为各个大学之间竞争的焦点。

创业型大学在保留大学开展教学、科研和社会服务等传统功能的基础上，承担了面向市场的知识创新与技术转化的创业功能。创业型大学这些职能的实现需要政府提供包括人力、土地、财政、政策等资源的支持。创业型大学与传统大学之间的博弈主要表现为大学职能和价值判断的冲突。创业型大学所倡导的学术与商业市场文化统一的创业文化，在实现过程中一定会有来自传统大学传统价值观的质疑。创业型大学在发展过程中，能够有效地推进创业文化和社会服务、创业职能的实现，需要智慧和坚持。

在区域创新体系建设中，大学需要来自政府和产业界的资源支持。政府掌握着诸如教育拨款、专项基金、学位审批以及土地、财政拨款等多项资源，在资源分配的过程中，不同层次、不同类型的大学之间一定存在竞争和博弈。从企业的角度来看，在产学研合作过程中，企业通常会积极地寻求来自大学的技术支持，而作为回报，企业可以通过向大学提供资金支持、双方共建技术转化孵化器等方式开展与大学的合作。因此，企业在开展技术成果转化的合作过程中，会在大学间进行选择和比较，除了企业所遵循的市场商业原则之外，通过利益最大化原则选择最优的合作院校，也就形成了大学之间对于企业合作资源的竞争。当企业合作可供选择的余地越大、越宽的时候，大学之间的竞争会随之越发激烈。

在区域创新体系建设中，创业型大学的功用主要体现在以下几个方面：

其一，创业型大学从事着以高新技术转化为基础的创业活动，以参与技术革新与成果转化服务区域经济社会的发展。在知识传承和生产方面，创业型大学更加注重知识探索和更新，积极推进具备创业、创新精神人才的培养，加强实践应用和创新。在科学和技术研发方面，创业型大学以拥有雄厚的科研实力，能够解决区域以及社会发展的重大战略和创新任务为目标。在知识技术应用方面，创业型大学更加强调知识的实践价值，推进实现科学技术的转移和成果转化。

其二，创业型大学积极开展技术转化和创业行为，创收可以反哺支持大学内的教学、科研等其他活动。创业型大学内部浓郁的创业、创新文化也能够在创业型大学中得到培育和发扬光大。

其三，创业型大学积极采取各项措施，确保科学技术的转移和知识产权的保护。以美国为例，在美国创业型大学中，建设有各种与企业多方合作的混合组织机构，诸如技术转移中心、产业孵化器、技术许可办公室、跨学科研究中心、科技园区、大学—企业合作委员会等，这些组织机构的存在有力地推动了创业型大学与社会、企业之间的沟通合作，作为创业型大学的突出组织特征，这些机构也对创业型大学在区域创新体系建设过程中的创业创新行为起到了非常重要的组织保障和推动作用。

其四，创业型大学拥有雄厚的科研实力和众多的科研成果，具备强大的知识技术转化和溢出能力，创业型大学的衍生企业能够影响周围的企业，进而成为带动和推进整个区域创新建设的龙头组织。

一定意义上来讲，大学之间的博弈竞争也是高等教育领域内自然存在的现象，正常的竞争行为有利于推进彼此间的观念更新和竞争发展，有利于区域内资源的有效配置和利用，在一定程度上可以激发大学挖掘潜力，勇于突破创新，增强大学服务社会、服务区域发展的能力。

4.3.4 创业型大学的合作行为

埃兹科维茨在三螺旋理论中指出："在以知识为基础的社会，大学、企业和政府三者之间的相互作用成为改善创新条件的关键要素。大学、企业和政府是三螺旋模型中的重要成员，大学作为社会新知识新技术的来源，是知识经济的重要生产力要素；企业是进行生产和革新的场所；政府则作为契约关系的制定者，确保三者之间形成稳定的相互作用，产生互动。"[①] 愈演愈烈的市场竞争和不断发展变化的社会对大学提出了新的要求，积极与企业、政府开展合作进而实现区域的协同创新是当今现代大学的可由之路。事实上，区域创新体系中的研究型大学通过与政府、企业开展合作，主动承担在区域创新发展中的知识、技术创新的动力源职能，与政府、企业合作共同致力于区域经济发展已经是可借鉴的可行路径。例如，美国斯坦福大学、麻省理工学院等就是在区域创新发展中引领合作，与政府、企业合作共同构筑了硅谷、128 公路等区域创新体系。

创业型大学在区域创新生态体系中有以下几种合作模式，它们是以整个区域生态系统的创新动力为根本点界定。

第一种是创业型大学推动模式。在这一合作模式中，创业型大学作为整体区域创新生态体系的推动和引领机构，是区域创新原动力。技术革命将推动整个区域的高速发展，大学与企业、政府的合作多开始于创新成果形成之后的推广和实践转化阶段。例如，美国硅谷的形成很大程度上是基于斯坦福大学的推动，大量工业技术公司在斯坦福大学周围建立，公司从创建者、管理者到一线技术人员，多毕业于斯坦福大学。

第二种是政府拉动模式。在这种模式下，大学在政府的指导和统筹下开展合作，帮助企业实现技术和产品更新，多以政府项目计划为纽带开展互动合作。一般来看，政府推动的项目通常具有明确的支持领域，多是涉及区域和社会发展的战略性项目，特别关注区域经济和社会可持续发展的需要。在这种模式下，创业型大学与企业、政府之间以项目为核心形成知识和创新战略联盟，而不是简单的市场交易往来。彼此之间的合作也是在项目开始之初就已经建立。比如，美国北卡罗来纳州的三角科技园就是依靠政府对创新资源重新整合的突出案例。该区域的发展受到联邦政府发展战略布局的影响较多，最初是州政府成功地将联邦政府的直属实验室引入该地区，并逐渐发展壮大。

第三种是企业引导模式。这种模式下，具有市场开拓和技术创新意识的大型企业、公司推动，积极开展与大学的合作，希望大学在产品和技术革新方面发挥作用。企业与大学之间通过建立技术转化及研发机构，与大学建立

---

① 亨利·埃兹科维茨. 三螺旋：大学·产业·政府三元一体的创新战略 [M]. 周春彦，译. 北京：东方出版社，2005：2.

定向的人才培养通道，使大学毕业生能够更加适合企业发展的需求。另外，大学为企业提供专业的咨询和指导性的专家服务也是大学、企业之间人力资源互动的一种有效形式。两大主体之间还通过建立企业高层管理人员与大学研究人员的交流，实现彼此的互动合作，有效丰富大学师资力量，帮助大学及时调整学科和课程设置，补充更贴近企业和社会发展需要的资源。这种模式下，三大主体之间的合作多以发展的实际需求为出发点。美国长岛地区即是由企业推动，利用大学创新推动而获得发展。

从微观层面来看，具体的项目计划之间的合作是实现区域创新的基础点，但并不能保证在一个区域的成功能够顺利地推广到其他区域。有学者认为微观层面的合作不足以产生宏观的创新领导力，区域生态创新体系的形成需要对创新资源和合作创新的组织予以引导和统筹，以形成规模经济。

在区域创新生态系统建设中，创业型大学为创新集群系统提供了知识密集型的资源和服务，诸如原创性知识、理论和技术的创造更新、对市场需求的评估和把握、为社会提供专业的知识服务（包括资本合作、产品研发、技术转移等）、为社会提供人力资源、形成鼓励变革的创新文化、形成组织之间充分的开放合作和信任。创业型大学与高技术产业之间的关联和有效互动决定了区域创新系统的成功建立。

斯坦福大学教授特尔曼（Frederick Terman）曾说过："教育、科研和产业一旦相分离，就不能为经济、社会和现代化建设服务发挥巨大的作用。经济的发展必须以科技为先导，科技的进步必须以高等教育为后盾。"[①] 因此，建立区域创新体系的主要问题是大学能否与区域内的创新主体形成良好的互动关系。企业、政府和大学之间的相互合作可以实现共赢，各自不仅能够得到自己想要的东西，还可以产生更好的效果。大学通过知识创新和技术转化平台为区域创新提供源源不断的创新成果，同时大学也可以从其合作者处得到经济资助，为提高大学自身的科研实力和科教水平提供有力的支持。在这个合作体系中，企业可以得到大学提供的技术支持与人才的支持，并在此基础上开发出更有技术水准的产品，从而提高企业的生产效率和经济效益。另一个参与者——政府则是政策和规定的缔造者，负责协调维护相互之间的合作。三方通力并举，共同提升区域创新体系建设，提高创新能力。

在区域创新体系内，大学、政府和企业之间的博弈关系具有以下特征：

第一，学校、政府和企业的合作可以有效降低外部环境的不确定性。

组织总是处于相互依赖之中，没有任何一个组织是单独存在的。资源依赖理论认为，组织之间总是处于信息的相互交换之中，一个组织可以从另一

---

① 李建军. 产学创新的平台 [M]. 南昌：江西高校出版社，2002：90-93.

个组织获取资源，同时也向其他组织输送资源。组织无法自给自足，组织与组织之间存在各种各样的联系。在某一固定区域，大学与企业、政府的关系就如同组织与组织的关系一样，企业、大学与政府之间相互交流、资源融通、彼此交织，形成互相依靠的创新网络系统。在三者形成的新型关系中，政府是整个联盟的操控者，也是学校科研与社会生产生活的组织者和领导者；大学则利用政府提供的政策支持和企业提供的经济支持来发展自身的科研与教学，大学依靠政府为自身提供适宜的政策环境和制度支持，与企业共同合作，推进技术创新转化和知识更新，为区域提供充足的、可持续的人力支持；企业与政府希望能够从大学获得高水平的科研和技术人才，以此提高自身的竞争力，同时依托大学的高水平科技支持和技术成果，推动整个社会区域的协调发展。三方资源的互补也在一定程度上降低了复杂外部环境的不确定性，三方在相互依赖、相互作用的网络中形成合力，在完成自身发展的同时，共同推动整个区域的可持续发展。

第二，学校、政府和企业建立联盟能有效降低交易成本。

就单个组织而言，在区域创新和高新技术创新过程中，大学、政府和企业三者都会遇到各种各样的问题，比如交易困难、创新性不足以及外部环境复杂等。但在它们的联合组织中，它们可以更好地应对以上问题，形成新型的创新网络关系，为区域经济发展做出贡献。我们可以从交易成本经济理论中看到，个体之间形成组织合作的理由是为了降低在复杂环境中的交易成本和不确定性，降低市场对自身的控制与调节作用，使自己能够更加适应社会环境。

第三，能优化组织结构，推动发展。

创业型大学、企业与政府之间的关系就像组织生态学中的理论一样，在一个生态系统中，组织就是成员之间建立的一种相互交流的互助互利关系，在这种关系中，成员之间和平共处，互帮互助，相互合作，以此来优化整个生态系统的各种资源。大学、政府和企业也是一样，它们之间建立的这种相互制约、相互合作的关系就是生态学中的组织，在这个组织中，大学、企业和政府为了追求各自的利益与目的而交织在一起，形成彼此相互渗透的关系。

创业型大学通过与企业、政府合作建立科技园区、大学孵化器等创新机构，进一步发挥大学的科学和技术优势，促进区域创新发展，融合区域的创新网络发展，推动产生一批具有重大经济与社会效益的创新成果。同时，创业型大学为区域提供政策研究及政策咨询支持，推动人才培养，优化组织结构，进而抓住发展机遇，依托区域发展和政府、企业的支持，为创业型大学自身的发展收获了丰富的社会资源与学科发展平台。

5 创业型大学的内部组织行为

创业型大学产生于社会诉求发生转型的时代洪流之下，其存在本身就是大学对社会发展诉求的一种适应性回应。这种适应性体现在创业型大学内部组织行为的几个方面，其组织文化的形成和变化、组织结构的调整以及组织资源的整合，都强烈地反映出适应性的特点，这在一定程度上也体现了创新所具备的"创造性毁灭"的特征。

在系统中能够得到发展空间、获得一定生存价值的组织，一定有其特有的组织变革轨迹。从组织发展的内部组织行为来看，创业型大学的生存和发展主要是在外部社会诉求的推动下产生的组织文化理念变化、组织结构的调整以及组织资源的整合。从组织行为学的角度研究创业型大学的组织行为，能够进一步深化对创业型大学组织结构、组织资源、组织文化和组织变革的认识，加深对创业型大学在高等教育系统内角色定位的理解。

5.1 创业型大学的组织文化变革

社会的巨大变革撼动了现代大学发展的原有途径，大学正在成为推动社会发展的原生性组织，大学的组织变革成为现代大学适应社会进步的必然行动。从历史发展的角度来看，审视现代大学发展进程中的每一次组织变革，其背后都折射出组织价值诉求的变化。任何组织文化的形成与变革都离不开整个社会当时的主流价值判断，我们可以从社会发展的历史脉络中寻找大学组织价值诉求的历史嬗变。

农业时代的呈现形式可以归结为人与土地的对话。在这一阶段，人与土地产生了固定的关系，人类的生存和发展主要依靠土地，在精神上寄托于神，此时的大学开设有神学、医学、法学等学科，大学主要是培养社会精英，他们作为社会的精神领袖，探求真理和研究哲学等基本问题。

工业时代，机器工业的发展呈现出人与机器的连接和对话。在这一阶段，机器带来的大规模生产使社会产生大量的规范化、流水线行为，在一定程度上，人成为机器生产的某一环节。在此背景下，大学的诉求逐渐发生变化，大学成为培养社会精英和中高级管理者，进行知识、技术创新和开展科学研究的社会机构，研究型大学在此背景下应运而生并得到迅速发展。

信息时代，大机器、大工业和大量人员所从事的大规模流水线生产方式不再是主流。在世界范围内，许多国家的产业结构发生了巨大的变化，由以前的制造业向如今的服务业发展，IT 行业逐渐地占领市场，成为新时代产业结构不可分割的一部分。从生产方式来讲，许多国家已经从劳动密集型经济向技术密集型经济发展，科研和信息新技术成为经济发展的主要动力。

我们今天的时代是以信息和知识为基础元素的时代，最主要的资源是全社会可以实现共享的信息资源。在发达国家，产业结构所带来的经济效益已经让许多发达国家的生活水平上了一个新台阶，人们的观念也发生了巨大的变化。在这样的时代，更多地强调科学技术在人类生产生活中的核心地位，推崇人与人的对话，强调创新，强调个人价值的实现。

当科学技术成为推动社会发展的核心要素时，知识资本化的过程开始发生了。知识资本化是由知识生产机构自身的内在动力而生，它意味着知识被转化成能够参与社会进步的资本，意味着实现知识技术转化的方法和途径逐渐形成。在知识被转化形成资本的同时，社会资本也变得更加丰富，含有更多的技术属性。在知识资本化时代，原有的推崇无私奉献、追求普适性真理不再是科学研究的唯一标准，要使知识和技术更有实践和应用价值成为科学研究的又一个评价标准。社会发展的实践需求和大学内部出现的创业动力、社会对大学的影响、政府对大学研究资助的改变，以及政府对知识产权分配规则的制定等因素，都成为推动大学模式发生变化的影响因素。知识资本化的标准已经渗入大学开展科学研究、技术转化以及政府拨款的各种行为当中。

时代发展洪流之下的大学组织，其价值诉求与社会的发展息息相关。从大学的历史发展来看，大学组织的价值诉求也经历了人类真理探寻——学科研究探索——社会服务、创新创业的不同阶段。

5.1.1 创业型大学组织内部的冲突与融合

特定的组织文化是每一个成熟组织所具备的要素之一。所谓组织文化，应当形成组织成员共享、共同认可的认知结构，该认知对任何事物予以解释。组织行为学专家埃德加·施恩对组织文化做出如下定义："一个基本假设的模型——不论是被发明的、发现的还是被特定群体学着处理外部适应和内部整合等问题的过程中建立的，这个模型已经被证明是正确的，将此模型传授给新成员以帮助他们在相关问题上用正确的方式去认知、思考和感觉。"① 他进一步将组织文化分成三个层次：第一层次是可见但不可被解读的人造物品（artifacts），诸如技术、艺术等可见的行为模式；第二层次是价值（values），即组织成员用来判断事物的基础；第三层次是假设（hypothesis），是组织成员之间形成的默契信仰，用以指导组织成员的行为，包含对事物、时间和空间的本质，对人、对活动和关系本质的理解。一个组织拥有和推崇怎样的组织文化，涉及组织所有成员共同认可的期望、价值观和态度，它影响着组织内个体、群体，以及组织结构、组织行为过程。形成良好的组织文化，对于组织的发展和有效运行都具有非常重要的意义。

在社会学中，结构功能主义者认为存在一种相对独立的核心价值体系，它对于一个组织的整合非常重要，组织中的冲突则被认为是组织系统运作不畅的表现。组织会通过自我调节不断消除这一障碍，最终达到融合一致的目的。主张冲突论者认为，即使是健康的组织内部，仍然存在大量关于利益、权利和价值的冲突。对组织来讲，这些冲突并非是持续具有破坏性或导致功能失调的消极、负面因素，冲突本身是中性的，冲突在某种程度上甚至可能对系统组织产生积极有益的影响。冲突的存在对组织来说是正常现象，一个允许、容忍并能够正确对待冲突的组织，才表明组织自身具备一种对内部多元价值和行为方式认同宽容的环境，这种环境有利于组织内部各方消除彼此的对抗，增强组织成员的归属感；相反，如果组织否认、忽视、排斥冲突的存在，甚至压制冲突，这样只会加剧组织内部潜在的对抗和紧张，导致组织最终瓦解。

客观来讲，冲突论的基本观点是辩证理性地看待冲突本身，以此作为理论依据分析创业型大学组织内部的各种冲突，无疑具有一定的适切性。

相对于公司和组织严密的军队来讲，大学是松散组合的组织系统。在大学里，组织目标和权力界限相对模糊，这与组织活动多元的价值取向、组织成员之间相异的思维和行为方式、心理状态、利益目标有着密切的联系。认真剖析创业型大学内部的文化差异和冲突融合，对于深刻理解创业型大学组织具有的内在属性有着非常重要的意义。

5.1.1.1 管理科层与学术团体

在相对宏观的层面，大学组织内部存在两个基本的、庞大的群体——管理群体和学术群体。大学里的管理群体关注大学的运转和效率，倾向于建立相对统一、清晰的组织目标，希望简化组织运行，降低组织运行成本，以统

---

① 罗宾斯·贾奇. 组织行为学［M］. 12版. 李原，孙健敏，译. 北京：中国人民大学出版社，2008：32.

一规范、高效有序的机制推动组织目标的实现。学术团体则对这些组织目标不以为然，更倾向于自我研究，崇尚活动的自由和管理的宽松，希望能够相对自主地确定学术发展目标，轻松自由地安排自己的活动。

大学管理群体和学术群体之间的差异反映了两种不同的价值取向，即管理活动的效率观还是学术探究活动的自由观。这种冲突一直是大学内部各种冲突的焦点，在大学发展的各个阶段均存在。以美国为例，美国高等教育学者伯顿·克拉克指出，自 20 世纪 70 年代以后，美国大学行政管理人员逐渐由非教学人员承担，行政管理者"有充足的理由把教授和学生看作缺乏理解的人，甚至是制造麻烦的人"①。在大学中出现了这样的现象，"大学行政管理人员和教学人员，在日常生活中越来与相互分离，每一方面都试图保持自己'一类人'之间的接触"②。这种分离导致群体的冲突愈演愈烈，在今天的大学中，这种现象已经成为一种普遍存在的群体冲突，大学行政管理人员和从事教学科研的教师在沟通和理解方面存在不少的问题。

5.1.1.2　传统学术科研人员与现代创业人员

在大学中持古典主义传统大学价值理念的人士一直拒绝学术文化与商业创业文化发生不必要的联系。这些终日埋头于教学和研究的学术科研人员始终认为商业创业文化会破坏大学的价值观，造成大学的堕落。随着时代的发展，一定程度上，市场的力量已经难以阻挡，创业文化在大学文化中愈发凸显，学术文化与商业创业文化的冲突变得不那么尖锐和不可融合。大学的发展已经进入了一个新的发展阶段，大学中出现了一种前所未有的复杂现象，具有市场价值导向的很多创业行为已经很难与原本高深纯粹的学术文化截然分开。大学开始融入市场并逐步适应竞争规则，大学内部呈现出不同于以往的创业现象。传统的学术科研人员与逐步融入市场的现代大学创业人员之间的冲突也不可避免。

很多传统的学术科研人员正随着时代的变化而不断改变和适应，在自身工作和研究项目的选择上不断调整变化。自我身份认同也在发生变化，过去他们将自己看作"稳定的大学人"，而现在，他们把自己看作"漂泊的专业人"。美国印第安纳州立大学物理系教授曾经发出这样的感叹："随着这些年大学的变化，很多从事自然学研究的学术人员，不管是理论研究还是应用研究，大家越来越像科研经历。他们不再亲自从事研究，至少不再亲自参与每

---

① 伯顿·克拉克. 高等教育系统 [M]. 王承绪，徐辉，等，译. 杭州：杭州大学出版社，1994：100.

② 伯顿·克拉克. 高等教育系统 [M]. 王承绪，徐辉，等，译. 杭州：杭州大学出版社，1994：100.

一个环节，而是选择有价值的研究问题，开设一个实验室，招收研究生，然后组成团队协作攻关"，"学术研究越来越变成了一个产业，学术人员自认为是这个产业的掌舵人。于他们而言，研究生更像是年轻的雇员，而不是学术传承的接班人"①。

在现代大学中，商业化思潮对大学作为学术共同体的深刻影响无法避免。政府对大学资金投入的变化、大学开源节流的需要改变了大学的资金运转和财政预算制度。在这种情况下，大学内部的系所犹如独立运行的财务主体，能够各自向社会吸纳研究资金和研究经费，制定财务预算，并在一定程度上保留部分收入节余。大学的这种资金运作方式对大学组织中的个体产生了深刻影响。大学中，尤其是组织中的年轻成员开始相信大学越来越具有商业组织的部分性质，在某种程度上，大学可以像企业那样管理、运转、推进市场化并参与竞争。在大学里，甚至会有教授产生这样的感觉："我突然产生一种陌生感，怀疑自己是否还在大学里。他们讨论了很多事情，如股票、债券、经济形式和技术转化……这些与大学发展息息相关，却没有一件是学术事务"②。大学中，越来越多的非学术人员具有商业管理的专业背景。随着市场商业文化与学术文化的融合，大学在参与市场竞争、创业运作的过程中也聘任了非终身教职的人员，他们大多不具备传统学术人员的组织文化背景，也不受大学终身教职制度的保护，他们在观念、信仰、行为等多个方面与传统的学术科研人员存在差异。

5.1.2　创业型大学组织机构的冲突与融合

5.1.2.1　应用型学科院系与非应用型学科院系

大学的院系是学校中最基本和稳定的组织，各院系之间平等协作。随着知识经济的发展，创业型大学内部各院系之间的发展不平衡现象逐步显现。与市场联系更为紧密、应用型趋向突出的学院能够吸引学生，在一定程度上具有财务灵活性，因此发展势头更为迅猛。一些应用趋向较弱、与创业市场联系较少的学院，财务独立性差，在大学发展中处于略显尴尬的位置。两类基本属性一致的组织机构之间也出现了难以协调的必然冲突。

美国印第安纳州立大学一位普通英语教师的一席话表明了这种冲突本真的面貌："大学经费短缺会削减文理学院特别是英语、历史等人文学科的规

---

① 任玥. 美国公立研究型大学近三十年来的组织文化变迁：印第安纳大学案例研究［D］. 北京：北京师范大学，2011：112.

② 任玥. 美国公立研究型大学近三十年来的组织文化变迁：印第安纳大学案例研究［D］. 北京：北京师范大学，2011：132.

模，聘任更多临时人员。以前人文学科在大学中享有很高的地位，现在却江河日下，与专业学院争夺经费时总是处于下风。这些学院的规模正在缩小。"①在我们国内，不同学科的发展也存在不均衡现象，人文社科类的学科经费支撑确实与理工科学科无法同日而语，不同学科的地位在学科优势不同的大学内也千差万别。

5.1.2.2　跨界管理机构与传统院系

创业型大学是大学引入市场文化产生的发展模式，是一种特殊类型的大学组织形式，它属于高等教育系统，但相较于其他类型的大学，创业型大学更多地具有企业公司的组织特征。

在管理模式和组织架构上，创业型大学呈现出特有的复杂性，产生了一些新型的跨学科、跨界型管理机构，这些机构负责协调创业型大学内部院系合作，管理大学与产业界、政府之间的技术转化和输出成果，协调在此过程中出现的困难和问题。在此过程中，不可避免地会出现跨界管理机构与传统院系之间的冲突。跨界管理机构以追求组织管理的高效、可实现、可推广为目标，传统院系则保持着传统大学的学术价值理念，以追求普世的理想为目标。在彼此的交流中存在实用和高尚、应用和纯粹、效率和质量的角逐与冲突。

麻省理工学院第十五任校长查尔斯·维斯特在谈到学校创业行为时，认为"在为学生参与创业活动做准备方面，大学扮演主要的——虽然严格来说是维持平衡的——角色极其重要"，在创业行为中存在三种危险："①在创办网络、软件和生物技术公司过程中，由于其变化迅速、风险较高，需要对相关的利益和职责冲突保持特别的警惕。②过分强调个人获取高收益有可能侵蚀团队合作和集体精神，而在实验室和系科当中，这种精神往往能够激励人们不断追求卓越、推进创新、提高效率。③学生很容易失去平衡感，不知道大学经验中哪些方面对他们的生活具有根本的、长远的价值。毫无疑问，挣取大量的个人财富极具诱惑力，但是我们必须让学生明白，除此之外，生活中还有更重要的东西。不管他们今后从事何种职业，我们都必须激励他们追求理想、认清公共服务的价值，并接受创建一个更加美好的社会的挑战。"②评论一针见血，道出了在大学发展过程中，哪些是我们需要坚守的根本，哪些是大学应保持的清醒。

---

① 任玥. 美国公立研究型大学近三十年来的组织文化变迁：印第安纳大学案例研究 [D]. 北京：北京师范大学，2011：113.

② 查尔斯·维斯特. 一流大学　卓越校长　麻省理工学院与研究型大学的作用 [M]. 蓝劲松，主译. 北京：北京大学出版社，2008：171-172.

创业型大学内部组织文化的变革，管理机构与研究机构、不同系部、不同群体之间产生的价值冲突和融合，存在于创业型大学与企业、社会其他机构开展有效的技术转化和创业行为当中，科学技术的应用与对普世性真理的追求、效率与质量的角逐促进创业型大学内部创业文化的形成，提升了学校凝聚力，激发了创业型大学发展与变革的活力。

冲突不可避免，也不会在短期内迅速削减。正是因为大学组织中存在组织机构、组织要素、组织文化等多方面的冲突与融合，创业型大学才更具有变革和发展的活力，发生在不同群体、组织和个体内部的冲突伴随着发展的妥协、融合，成为创业型大学持续发展的内生动力，推动着创业型大学的发展和提升。

5.2 创业型大学的组织调整及资源运作

大学已经不再是脱离于尘世的象牙塔，大学与社会发展，与国家、政府的关系日益密切。很大一部分大学的生存与发展离不开政府的支持，大学在科学研究向实际成果转化的过程中，必然会遇到一些困难（既有资金方面的，也有组织运行方面的），这些问题需要靠大学的制度、理念创新、组织创新来解决。

在大学—产业—政府的三螺旋关系中，创业型大学发挥着更为重要的作用，一批全新的、超越于以往大学边界的新型组织诞生了。这些组织主要有四种类型：①大学内部产生的跨学科组织、综合学科组织。这些组织有别于传统大学中的院系实验室、研究室，是为了加强大学研究与产业合作而独立设置的研究单位，诸如国家重点实验室、大学—产业合作中心等。②大学的技术管理组织。这些管理机构专门负责大学的技术转移，诸如专利授权办公室、技术转移办公室、研究基金会等。③与政府有联系的官产学合作组织。大学与政府、企业联合设立，以研究成果转化、企业孵化为主的研究综合机构，诸如科技孵化器、大学科技园区等。④大学自主开办的成果转化公司及咨询服务公司，其主要职能是贴近市场的成果输出及技术服务。大学通过这些组织，协调与产业、政府之间的关系，加速研究成果的转化，催生新产业的发展。

创业型大学形成和发展过程中，组织结构调整和资源整合主要体现为以下几类组织形式的出现和变化。

5.2.1 跨学科组织：内部资源的整合

现代科学的发展对学科融合提出了新的要求，跨学科组织、综合学科组织的出现成为现代科学发展的一个重要特征。研究特定的科技问题，时常会遇到某一学科无能为力的情况，此时就需要借助新的知识和工具，需要多学科共同进行，因此各种新型跨学科组织得以成立。与传统大学中以单学科为主的学科系所不同，这些跨学科组织更需要借助外部动力的推动。由于国家科技战略和政策发展的需要，多数跨学科组织能够得到来自政府和社会的资金资助。这些跨学科组织形态各异、灵活多样，多数以实验室、研究中心、研究计划、项目课题组、研究论坛等命名。

创业型大学完成科技成果的商业转化，其基础是构筑高度发达的科学研究体系。在现代大学中，卓越的学术研究是由分布于大学各系所的研究者组织开展的。大学的各系所成为研究型大学开展跨学科研究、综合研究的基本组织单位。而在创业型大学中，除了开展基础学科研究的系所之外，还出现了新兴的多学科、跨学科的教学和科研单位，这些组织多以研究的具体项目命名，处于不断的调整和变化中，随着科研进展的需要以及项目的完结而不断调整。在一定程度上，其成熟度有待进一步提高，在一些学者看来是"准学系"① 尽管在大学学术体制中还未有一席之地，但这些组织在大学的学术创新中起着非常重要的作用。这些组织并不完全依附于传统大学的学院系所，在这些研究组织中，核心人物是开展研究工作和科技探索的学者、科学家，是他们凝聚和推动了这些组织的存在和壮大。

以美国的麻省理工学院（MIT）为例，我们可以看到形态各异、研究多样的跨学科研究组织。在 MIT 有 41 个以某某中心为名的研究组织，诸如高级教育服务中心、产品开发创新中心、技术、政府与工业发展研究中心，生物技术过程工程中心等；有 40 余个以某某计划为名的研究组织，如建筑技术计划、全球航空工业计划、智能交通系统计划等；有 10 余个以课题项目为名的研究组织，如人形机器人项目、全球大气化学国际项目等；还有众多研究中心、实验室等机构。

5.2.2 技术管理组织：推动知识资本化的发生

庞杂的学术研究组织要保持高效地运转，必须快速地将实验室内的科研成果转化为契合社会发展需要的实践成果，这有赖于精干、有效的技术管理组织的科学管理和推动，这类组织承担的是管理和协调大学、产业与政府关系的职能。美国大学的技术转移单位有两种：一种是大学内部设立的技术转移办公室等机构，另一种是大学委托外部研究公司代为转化研究成果。也有的大学两者并存，除设立专门的技术转移办公室外，还将一些特殊的研究项

---

① 王雁. 创业型大学：美国研究型大学模式变革研究 [D]. 杭州：浙江大学, 2005.

目委托给专门的管理公司代为处理技术转移事务。

大学自己设立的科技转移组织又分为两类：一类是附属于大学组织系统之内、由学校主管科研的副校长负责领导，诸如"技术转移办公室"（Office of Technology Transfer，OTT）、"技术授权办公室"（Office of Technology Licensing，OTL）等；另一类是为了避免大学某些力量的干扰，以基金会等非营利模式存在，从事科技转移工作。

5.2.2.1 技术转移办公室

20 世纪 70 年代，美国斯坦福大学首先设立了技术转移办公室，由大学自我管理知识产权、专利事务，大学出面申请研究学者发明的专利，通过将专利许可转让给企业界，获得灵活的资金收入。《拜杜法案》出台之后，研究型大学纷纷效仿，设立技术转让办公室。《拜杜法案》对此起到了积极的推动作用，法案要求接受联邦政府拨款的大学和科研机构必须积极从事技术转移工作，大学拥有相关研究成果的知识产权，但要获得更多的转化利润，技术转移是有效途径。

在这样的背景下，专门的技术转移管理机构应运而生。大学的研究经费达到一定规模，就需要设立技术转移办公室，由专门的管理人员来处理知识产权转移的相关事务。这一管理机构主要有以下职能：①推进大学研究成果的转化；②帮助大学与企业建立互动互利的关系；③为大学收集公共研究资金；④为大学和企业提供知识产权的专业服务；⑤推进研究发明，支持科学研究。技术转移办公室有专业人员依据其专业背景负责某一领域的技术转移工作，完成相关研究的市场调查、评估、协商和授权文本的拟订、签署等工作。

创业型大学技术转移过程中形成的市场模式也是一种非常有效的推进模式，由专人负责技术、专利的市场化推进过程，这种模式的益处在于能够集思广益，有效地形成远超技术发明者预见的转化成果。目前这种市场模式在美国广为流行和接受。①

5.2.2.2 研究基金会

研究基金会法律上保持独立资格而形式上附属于大学。研究基金会一般由董事会主持，董事大多由大学的行政管理者、教授、杰出校友以及企业界的高管组成。研究基金会在组织结构上并不隶属于大学，其运作方式和公司类似，内部的组织职能则与技术转移办公室相似，其主要职能是经营和管理学校的知识产权、技术转移事务，将转化盈余返还给大学。研究基金会的经

---

① 亨利·埃兹科维茨．国家创新模式：大学、产业、政府"三螺旋"创新战略［M］．周春彦，译．北京：东方出版社，2014：239.

营方式具有一定的弹性和独立性，能够摆脱行政干预，其主要运作模式与基金会对技术接受与否有直接关系。

在实际运作中，大学将发明、研究技术委托给研究基金会，基金会有自主的权利判断是否接受该项研究成果的技术转化，具体又有两种选择：

第一，研究基金会根据对市场的调查判断，接受了该项技术的转移事务。此时，基金会受理技术转移，发明人可以部分获得技术转移费，由研究基金会出面申请专利，并向企业界转移技术。如果技术转移成功，那么，转化所得由技术发明人与大学共享，发明人、大学及基金会按照一定比例分配技术转移所得。

第二，研究基金会拒绝了该项技术的转移事务，根据该项技术是否得到政府的资金资助而采取不同的处理方式。如果该项研究与政府的资金无关，那么知识产权归研究者所有，发明人可以自己决定是否申请专利，或者是否将其商业化；如果该项研究得到政府的资金资助，那么，该项研究成果归出资方，发明人仍然可以向单位申请知识所有权，在得到相关部门同意的基础上，学者可自行决定该项发明是否申请专利及商业化。

研究基金会的运作模式可以用图 5-1 直观地展示出来。

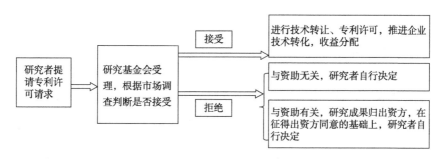

图 5-1　研究基金会运行示意图

5.2.2.3　研究公司

研究公司是近年来新兴的代理大学及研究机构科技成果管理与经营的公司，有营利与非营利两种，常见的有研究公司、管理公司及顾问公司等。有的研究公司涉及业务非常完整，它们为市场提供技术与评估、申请专利、寻求技术授权对象、协调授权对象、签订合约等服务。大学与研究公司之间依据合约，权责分明，研究公司提供推进技术成果转化的系列市场服务，大学则专注于科学研究。很多研究公司具有非常显著的特点，就是它们都按照大学的操作模式运行，很多公司有多种渠道，诸如在《科学》（*Science*）等杂志上刊登招录启事，招收博士后工作人员到公司工作，大学内各学院和研究生院的社交网络有时也会充当研究公司获取商业和技术资源的平台。

5.2.3　合作组织：推动区域创新实现

官产学合作组织一般是由政府、企业和大学等根据国家和社会发展需要，共同推进建设的研究组织。官产学组织最早产生于第二次世界大战后期，到20 世纪 80 年代，政府开始在大学设立各类产学合作组织，其发展进入旺盛期。

5.2.3.1　国家实验室

以美国为例，美国的国家实验室是指由美国联邦政府牵头成立，由联邦政府部门进行管理（Government Owned and Government Operated，GOGO）或委托给合同单位进行管理的实验室（Government Owned and Contractor Operated，GOCO）。国家实验室为国家战略目标服务，根据市场和国家战略发展需要不断衍生拓展新的研究领域，承担国家需要的研究周期长、研究经费高、需要多学科协同开展的重大研究项目。美国国家实验室主要集中在与国家发展密切相关的国防、能源、航空航天、农业等部门，是全美第二大科研力量，这些国家实验室由政府拥有，大学代管，实验室相对独立。大学在其中不仅是合同方，还是公共事业的托管者，积极参与实验室的管理和发展，很多国家实验室都是由大学优质实验室演变而来。

我国的国家重点实验室也是国家科技创新体系的重要组成部分，是国家组织高水平基础研究和应用基础研究、聚集和培养优秀科学家、开展高层次学术交流的重要基地，由我国国务院组成部门（行业）或地方省市科技管理部门统筹管理国家重点实验室，实验室的依托单位以中科院各研究所、重点大学为主体。2003 年前后，我国科技部设立了"省部共建国家重点实验室培育基地"计划，作为培育基础研究"国家队"的"预备队"，以进一步加强地方与国家在基础研究方面的衔接。2018 年 6 月 25 日，科技部发布《关于加强国家重点实验室建设发展的若干意见》，到 2020 年，实验室数量总量保持在 700 个左右。国家重点实验室已发展成为国家组织高水平基础研究和应用基础研究、聚集和培养优秀科技人才、开展高水平学术交流、科研装备先进的重要基地，是我国科技创新体系的重要组成部分，在促进重大科研成果的产生和杰出科学家的培育方面发挥了不可替代的重要作用。

5.2.3.2　工程研究中心

政府、产业和大学之间的关系越发密切的时代，政府通过将科学政策与工业发展政策相结合的方式来加强政府在主导经济变化和发展方面的功能。20 世纪 80 年代以后，美国政府以联邦政府投入资金为杠杆，引导大学与产业、政府之间密切协作，在大学中建立了若干以工程研究为主、集研究与实践于一体的工程研究中心（Engineering Study Center），即所谓工程研究中心计划。

1985 年，美国联邦政府启动工程研究中心计划，通过补助大学的工程系所，加强大学与产业、工业发展的联系。联邦政府希望通过该计划加强跨学科领域的科技研究，产生对产业发展有实际推动的结果，进而推动国家竞争力的提升。该计划的具体实施是由大学系所向联邦政府提出申请，联邦政府审核通过后予以资金补助。该计划的实施有力地推动了产学合作，大学研究的前沿性成果快速地导入实践。工程研究中心在运转模式上有许多特点：中心以多学科的合作研究和培训为特色，模糊了传统意义上的学科和组织界限；中心强调开展与高新技术直接相关的研究，来自产业界、工业界的代表可以直接参与工程研究中心的研究活动，帮助调整和规范研究的方向。这一措施被认为是"美国政府从经济放任主义向干预主义转变的标志，也是美国政府以经济目标为导向干预学术研究的一种尝试"[1]。

在我国，国家级研究工程院、实验室同样由政府牵头，统筹管理，旨在推进科学与工程研究、技术创新与成果转化、基础支撑与条件保障等三类国家科技创新基地的建设与发展。按照各类基地的功能定位和深化改革发展目标的要求，进一步聚焦重点，明确定位，国家工程技术研究中心、国家工程研究中心、国家工程实验室等单位逐步按照新的功能定位要求合理归并，优化整合，定位于瞄准国际前沿、聚焦国家战略目标，围绕重大科学前沿、重大科技任务和大科学工程，开展战略性、前沿性、前瞻性、基础性、综合性科技创新活动。

5.2.3.3　大学科技园区

大学科技园区是以大学为依托，科研机构与生产企业合作创办的高技术密集区。除为大学培养高科技人才之外，科技园区还开发研究新技术、探索创新产业、研发新产品。斯坦福大学科技园是美国最早出现的科技研究园区。目前，美国已建立了 120 余个科技研究园区，园区的创办以实现技术转移为目标，技术的创新和转移在大学与企业间双向流动，园区内的高新企业也成为技术创新、改进新产品和工艺的原生动力。大学科技园区中的创新人才是流动的，大学教授可以同时在企业公司里从事顾问、咨询等兼职工作，企业技术人员和管理人员同样可以在大学中兼职承担一定的课程。大学科技园区的建设离不开政府的支持和资助，政府对大学科技园区提供直接的资金支持，主要用于园区的基础设施建设、项目可行性研究、总体规划以及设备维护等。

---

① 王雁. 创业型大学：美国研究型大学模式变革研究 [D]. 杭州：浙江大学，2005：101.

我国大学科技园区的建设起步于"十五"期间。大学科技园是国家创新体系的重要组成部分和自主创新的重要基地，是区域经济发展和行业技术进步以及高新区二次创业的主要创新源泉之一，是大学进行产学研结合、为社会服务、培养创新创业人才的重要平台。截至2021年，我国已建成140余个大学科技园区。

5.2.3.4　孵化器

孵化器（business incubator）是由政府、企业和大学等科研机构合作建立的新技术孕育组织。该组织主要服务于科技型初创企业。孵化器开展系统的研发、咨询，为企业提供培训、融资及市场推广等工作，支持企业开发新技术、新产品，帮助创业型群体减少初期的创业风险，在一定程度上降低创业成本，缩短创业和新产品开发周期，优化企业创新周期。孵化器还为社会和企业提供研究成果及研发、管理人才。据美国学者斯密勒的研究①，孵化器的运行模式和功能可以用图5-2表示。

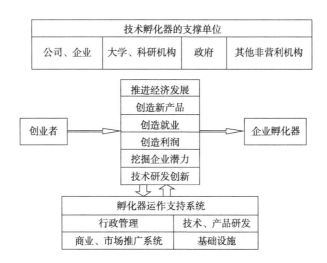

图5-2　孵化器运行模式

图5-2清晰地描述了孵化器的运作机制和主要功能。

大学孵化器里的公司主要有两个来源，一类是大学研究具有的商业、产业化潜力，另一类是产业领域感兴趣的研究转化。孵化器推动创建公司，形

---

① SMILOR，DIETRICH，GIBSON. The entrepreneurial university：the role of higher education in the United States in technology commercialization and economic development［J/OL］．［2014 - 11 - 03］International Social Science Journal, 1993, （45）：11. http：//citeseer. ist. psu. edu/showciting? cid = 7072645.

成研究和实践应用相结合的混合体。

美国是全球最早出现和推动孵化器的国家。早在 1959 年，企业主将纽约的一块工业用地改为商业中心提供给租户使用，成立了"贝特维亚工业中心"，为创业者提供所需要的基础设施和相关服务。从 1959 年贝特维亚工业中心诞生开始到 20 世纪 80 年代，是美国孵化器发展的初期阶段，主要目标是缓解社区高失业率的状况，主要功能集中在为科技转化提供场所和基本设施、帮助完善企业管理职能的配备，以及代理部分政府职能（提供一些政府优惠政策的解释和代办工作）。20 世纪 80 年代中后期，美国孵化器进入了第二个发展阶段，孵化器作为一种有利于经济开发的新型工具，得到政府的强力推广。20 世纪 90 年代上半期，风险资本开始接触孵化器，孵化器进入到第三个发展阶段，呈现大规模企业化运作的趋势，其主要表现是服务对象向外扩张和服务形式的多样化，孵化器的经营重心由孵化新创企业转向对于涵盖市场机会的识别，以及创建企业。此时的创业孵化集团产生了革命性的变化，孵化器在一定程度上具备了独立投资的功能，并解决了传统孵化器难以吸引高素质管理人才的问题。

美国全美孵化器协会的研究资料显示，成功孵化器的服务项目包括：

- 网络支持；
- 互联网或信息技术服务；
- 咨询；
- 联系战略合作者；
- 商业计划支持，协助获取天使投资或风险投资；
- 联系大学研发机构；
- 帮助可靠的学生实习或就业；
- 管理团队发展；
- 财务管理支持；
- 知识产权支持；
- 法律服务；
- 提供专业实验设施；
- 人力资源管理支持；
- 产品或技术开发支持；
- 与技术相关工艺的支持；
- 国际贸易支持等。

截至 2013 年，美国有 3 000 余家企业孵化器中心。企业孵化器顺应了企业家与科研人员合作创办高新技术企业的需要，通过为新创办的科技型中小企业提供物理空间和基础设施，提供一系列的服务支持，降低创业者的创业风险和创业成本，提高创业成功率，促进科技成果转化，培养成功的企业和企业家，非常有效地推动了新建创业企业的成功，成为大学进行技术转移的有效途径之一。

5.2.3.5 概念证明中心

概念证明中心（Proof of Concept Centers）是近些年来出现的推动科技成果市场化的专门机构，最早以辅助大学中科技转化办公室的工作为主，通过加速已申请专利的科技成果进入市场，为科技转化办公室的工作起到补充作用。它与传统的"孵化器"不同，传统孵化器进行的研发活动在专属的孵化器机构内部，通常和大学隔离开来；概念证明中心则允许得到资助的大学教师和研究生利用大学的实验室开展研究。另外，企业孵化器通常为已有产品的新创企业提供种子基金或分享工作环境，而概念证明中心更侧重评估研究产品的商业价值。

截至 2012 年，美国大学中已建立 32 个概念证明中心①，所附属或合作的大学都是科研实力较强、名列前茅的研究型大学，例如，科罗拉多大学的概念证明项目、麻省理工学院德什潘德技术创新中心、加州大学圣地亚哥分校冯·李比希创业中心、阿拉巴马大学创新和创业指导中心以及马里兰大学概念证明联盟等。虽然所冠名称各有差异，但这些概念证明中心在推动大学创业的数量和质量、改进大学衍生企业、推进大学与企业的接触交流、强化大学创业等方面发挥了重要的作用。概念证明中心的首要任务在于投资促进大学研究的溢出和商业化。目前，美国已有的概念证明中心平均科研经费有5 000 多万美元，启动资金来源也比较多样化，有的来自联邦资金，有的依托大学知识产权商业化的收入创立自有概念证明资金。

美国政府高度重视概念证明中心，概念证明中心是国家基础设施中极具潜力的要素之一。② 美国商务部在其 2013 年发表的《创建创新与创业型大学》报告中明确指出，在大学技术转化领域上升最快的当属概念证明中心。

5.2.4 衍生创业机构：自主创业实践

大学自主开办的成果转化公司及咨询服务公司统称为行业创业机构，其主要职能已经是贴近市场的成果输出及技术服务。典型的衍生创业机构有以下两类。

---

① 赵中建，卓泽林. 高校科研成果转化的美国路径 [N]. 中国教育报，2015-04-15 (11).

② BRADLEY, HAYTER, LINK. Proof of concept centers in the United States：an exploratory look [J]. Journal of Technology Transfer, 2013, (8)：349-381.

5.2.4.1　高新技术咨询中心

1886 年，麻省理工学院的学生 Arthur D. Little 创立了全美第一家咨询公司，"跨越了传统的纯科学研究与如何应用这些科学知识解决实际问题的鸿沟"，这成为后人利用科学知识创建新公司的楷模，拉开了高等教育系统从过去满足于教室传授知识与实验室科学研究向工业发展渗透联合的序幕。在美国，大学鼓励和倡导教师为企业提供技术咨询服务，很多大学设立有高新技术咨询中心，允许教师有一定比例的工作时间为企业开展咨询服务。有关数据显示，美国大学中有近三分之一的教师从事各种咨询工作，其中，工科类型的教师为企业提供咨询服务占比为 60% 多，管理系所的教师超过 50%。例如，斯坦福大学国际咨询研究所积极推进为社会经济服务，由最初的学术研究机构发展成为独立的非营利大型咨询机构，每年接受来自美国联邦政府委托的咨询工作，完成咨询报告一千余份，产生了巨大的社会经济效益。

高新技术咨询中心主要为企业和社会提供有关技术、管理等方面的咨询服务，为社会发展和企业进步提供有关技术研发、生产管理、市场经营等方面的政策和技术服务。

5.2.4.2　大学创办的高新技术企业

如果说高新技术咨询中心还属于大学创业行为的初级阶段，大学师生创办的高技术企业（start-up companies）则成为大学创业的真正舞台。大学创办新企业源自学术创新价值实现的实践诉求。这种学术创新行为使得研究型大学所产生的关键性科学发现加速市场化，尤其在生物科技领域体现得更加明显。美国各大学师生创办的高新技术企业的运作管理模式各有不同，有技术专利入股、技术支撑独立运作等模式。近年来，大学创办的高新技术企业发展迅速。美国大学技术经理人协会（AUTM）统计显示，21 世纪前十年，美国大学创办的企业增长迅速，由 2000 年的百余家增长为近 5 000 家。

5.3　创业型大学的创新体系

5.3.1　创业型大学创新能力的形成

创业型大学的创新能力体现为知识技术资本化的能力，在知识技术溢出产生效用的过程中，创业型大学与其他组织协调合作形成的技术转移能力是其最突出的表现。技术转移能力是在大学发展过程中逐步形成的，创业型大学技术转移能力的形成可以分为三个阶段。

第一阶段是产业联络办公室的建立。大学的技术转移能力最早形成于研究型大学中类似于联络办公室之类的机构，超越了单纯培养研究生和出版学术著作的职能。联络办公室通过准研究公司、企业家、毕业生进入社会，将大学的知识及研发成果转移出大学，其中大学技术外溢的主要呈现形式是个体之间的非正式联系过程。为了更加便捷地与产业实现对接，研究型大学后续建立了产业联络办公室，由办公室的专门人员负责组织有关研究单位与社会上对研究成果感兴趣的企业公司合作洽谈。产业联络办公室还经常通过召开专题会议、定期洽谈会话等方式促成大学与产业合作的形成。

第二阶段是技术转移办公室的建立。大学技术转移办公室主要承担大学授予专利、出售和许可知识技术产权的职能。对内，技术转移办公室负责对大学内形成的研究成果进行甄别筛选，对外，负责为这些研究成果寻找可合作的企业、公司。技术转移办公室逐渐形成了推动转化工作的模式，采取多种途径寻求对大学技术开发、成果转移的资助，增进大学与产业界的联系，增进社会对大学研究成果的预期认识。

第三阶段主要是大学的研究成果直接由企业家在公司里实现转化，研究公司、科技园、孵化器、衍生公司等衍生机构在这一阶段陆续出现。这些衍生机构直接将大学的知识、技术研发成果与社会需求相联系并实现转化。社会风险投资公司的介入会推动大学的技术转化，为衍生机构提供外部支撑。在这一阶段，大学建立的孵化器能够提供空间和辅助设施，帮助大学形成正式组织，推动大学技术成果的转化。

创业型大学技术转移能力的形成进化如图 5-3 所示。

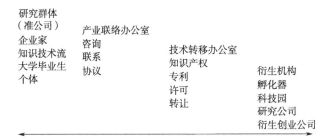

图5-3　创业型大学技术转移能力形成进化示意

资料来源：亨利·埃兹科维茨. 国家创新模式：大学、产业、政府"三螺旋"创新战略［M］. 周春彦，译. 北京：东方出版社，2014：69.

经历了由个体的非正式形式到逐渐有规模有组织的定向联系与合作，创业型大学的技术转移能力逐步形成、发展和壮大。

5.3.2 创业型大学创新体系的构成

创业型大学的发展需要其组织架构能够形成教学、研究和管理职能的有效整合，以推动大学与产业的融合。大学不再是独立的组织模式，在区域生态系统中，大学和产业形成共同的发展愿景。伯顿·克拉克在1998年指出，创业型大学具有一种自我管理的组织要素，包括内部管理结构、决策和领导角色。[①] 创业型大学努力为其成员创造良好的创业环境和发展氛围，进而反映在推动经济增长和区域发展等层面。

从创业型大学的内部组织行为的角度来看，创业型大学的发展与学校内部的资源、各要素作用的发挥、教学与研究内容和方法上的整合、内部各要素连接运转的形式密切相关。创业型大学创业行为的发生须由大学内的教学、研究和各种创业活动形成产出，大学内部的创业支持手段、创业式的教学方法、各要素的角色定位、大学内的报酬体系、创业教育活动的开展都会对创业型大学的创业行为产生影响。各要素之间相互交错，形成系统合力，推动创业型大学的发展。

下面我们从环境和内在因素两个层面分别加以分析。环境因素分为正式与非正式因素，环境因素包含多个方面：社会的创业型组织和管理机构、创业行为的支持系统、创业教育、具有创业趋向的大学组织、创业式的教学模式、角色和报酬体系等都属于创业行为发生的环境性因素。

内在因素又分为资源和能力两类。资源主要包括大学的人力、财力、硬件设施和创业文化；能力因素包含大学的地位身份、网络关系和学校位置。从内在因素来讲，创业型大学采取怎样的管理模式，在高等教育体系中的地位如何，对于创业型大学的发展非常重要。创业型大学的人力资源包括了管理者和研究团队两部分。创业型大学需要强有力的管理者积极履行使命，能够形成极具特色的管理模式，专业化地推动大学发展。创业型大学所具有的高水平研究团队对创新研究和提升教育质量起着决定性的支撑作用。多元化的资金来源能够保证创业型大学保持应有的独立性，多元化的资金来源意味着大学可以通过政府资助、开展研究合作、为企业提供咨询服务等活动增加收入来源。资源的整合推动了创业型大学的跨界发展，创业型大学本身已经成为知识资本化背景之下产业和创新机构合作发展的一个融合性组织，创业型大学与企业、创新机构、政府共同构成了网络化的合作伙伴关系。当然，在创新实践中，创业型大学在区域中所处的位置也是一个重要的因素，

---

① GUERRERO URBANO. The development of an entrepreneurial university [J]. The journal of technology Transfer, 2010, 37 (1): 43-74.

这一要素能够解释大学与企业合作过程中地理位置成为影响知识转移成本的因素。① 这些因素共同对创业型大学创业产出的数量和效果产生影响（如图 5-4 所示）。

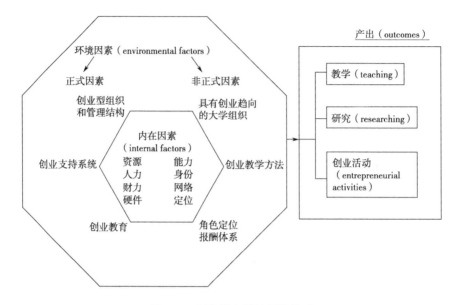

图 5-4 创业型大学的创新体系

资料来源：GUERRERO URBANO. The development of an entrepreneurial university ［J］. The Journal of Technology Transfer，2012，37（2）：47.

创业型大学的创新产出是环境因素与内在因素综合作用的结果，两者彼此交织、相互影响，推动创业型大学在教学、研究和创业活动方面的提高。

创业型大学内部形成的各类创业组织通过科学的管理和服务，有效整合学校内部的创新资源，生成发展跨学科组织和跨界组织，形成大型科技园、孵化器、概念中心等综合转化组织，能够快速实现转化和应用，积极契合社会产业发展需求，最终实现创业型大学自我发展和推动社会经济发展的双重目标。

---

① SIEGEL，WESTHEAD，WRIGHT. Assessing the impact of science parks on the research productivity of firms：exploratory evidence from the United Kingdom ［J］. International journal of industrial organization，2003，21（9）：1217-1225.

6 创业型大学典范案例

6.1 国外创业型大学典范案例

第二次世界大战之后，美国一直保持着全球创新理念和创新活动领导者的地位，成为世界上创新能力最强的国家。这一阶段，美国诞生了大量创新型的中小企业，政府出台了研究与发展资助计划、反垄断法案，完善了知识产权保护制度，计算机科学技术、互联网以及生物技术的发展应用和突破都引领和确立了美国国家创新系统的发展，确立和保证了美国国家竞争力的优势地位。

今天这种发展格局和创新地位的确立，美国大学功不可没。全球超过一半的原创性发明创造都来自于美国的一流研究型大学。这些大学依托自身强大的研发团队和丰富的创新人力资源，运用多样化的组织路径，鼓励创新思维和创业活动，并充分运用知识技术的溢出效用，加大产业集群优势，积极有效地处理好与产业、政府的关系以及不同机构之间的合作，形成区域创新系统，推动区域创新的整体发展。本章在梳理美国创新系统形成的基础上，选取美国创业型大学的典范——麻省理工学院（MIT）作为案例，对 MIT 内部组织行为、与 128 公路产业带的发展进行分析研究，梳理美国创业型大学在相应区域创新系统中的组织行为轨迹。

6.1.1 MIT 组织文化的历史演进

19 世纪 40 年代，美国地质学教授威廉·巴顿·罗杰斯（William Rogers）梦想着建立一所既能够研究科学技术、提供基础学科知识教学又能够指导工程制造业的实践，既能保留传统学院的人文传统又能满足工业社会对自然科学研究应用需求的大学。罗杰斯心怀理想来到当时美国的工业、技术和教育中心波士顿。1861 年，麻省理工学院被获准建校，4 年之后开始招收第一批共 15 名学生。为适应工业化国家需要而建立一个全新的教育机构，罗杰斯的愿望终于实现。他认为大学应该强调实用性和实践性，而培养专业人才最好

117

的途径即教学与研究相结合，并在研究中关注真实世界的需要。作为麻省理工学院的奠基人，罗杰斯在1846年所写的一篇报告中提出他的独到思想：大学不是一个只涉及基础研究和技术开发的技术学堂，大学的科学研究成果要触及和渗透到产业领域，教授们不仅要做好源于工程设计的咨询工作，还要积极考虑基础研究成果的长期应用。MIT办学的主要目标是"从事与社会密切联系的教学和科研"，其"mind and hand（头脑与实践）"并重理念是最早追求学术智慧与产业精神合作的大学理念。在此理念之下，MIT校董事会开展了卓有成效的探索。麻省理工学院总是制定比单纯的技术学科更为广泛的课程计划，鼓励毕业生胸怀远大的理想，不要只想着成为技术助理和技术专家，还要成为组织机构的领导者。MIT自成立以来，对于实现学术研究在实践中的应用不断的追求反映在其发展历史的不同阶段，每一阶段大学与产业之间的密切联系都反映在不同历史时期的文献记录当中，这些文献也忠实地记录和反映了大学与产业互动关系的变化。

从MIT最早的产业实践者到诸如布什、卡尔·康普顿与MIT的转型，发展到今天MIT师生真正大规模的自主创业，在学术文化与产业文化中保持动态平衡一直是MIT追求的目标。目前，引入风险投资、平衡资本支持在MIT内已经司空见惯。MIT建校之初的办学理念中就反映出非常强烈的自我创业的概念，大学追求"科学的进步，发展与实践应用"，MIT专注于大学创业给学校带来的发展进步，而并非单纯将科研技术转移给产业界。

第二次世界大战期间，由于国家和军方的需要，MIT与政府和美国军方的合作逐步密切，这与当时任MIT校长的卡尔·泰勒·康普顿的推动密切相关。卡尔·泰勒·康普顿（Karl Taylor Compton，1887—1954）是麻省理工学院第九任校长，在1930年到1948年的18年任职期间，推动MIT由一所工程技术学院向研究型工科大学的转型，他被世人称为"把麻省理工学院推入世界名牌大学的功臣"。康普顿任职MIT校长之前，正值美国经济大萧条时期，MIT处于发展的困难时期，大学资金减少，学校教职员工、学生数量的变化比较小。康普顿就任MIT校长之后，采取了一系列适应美国当时工业生产和工业研究发展需要的措施，加强MIT基础学科教育，强化应用学科与基础学科的联系，基础学科和应用学科同等重要，应用学科应在基础学科发展的基础上进行，提出学术与实践并行的理念，造就"手脑并重"人才。他提出的理工融合的办学方向改变了当时MIT所处的理论与实践脱节的困境，推动了MIT在短时间内的迅速崛起。

麻省理工学院建校之初正是美国工业化发展的全盛时期，社会对工程技术人才的需求旺盛，MIT根据社会发展需要，注重教学与科研的结合，着力培养实用型人才。康普顿任校长期间，注重提高 MIT 人才培养层次，提出MIT 培养的不是技术员，而是"能够处理问题的技术领袖"，他认为科技发展日益复杂的当时，学生尽可能掌握系统而完整的基础科学知识要比掌握某一门操作技能重要得多。大学培养的学生不仅要知其然，还应该知其所以然，应该具有独立解决问题的创造精神，这一办学理念的确定为 MIT 从困境中崛起指明了方向。康普顿在 1934 年的校长报告中提出："教育机构和其他任何一个组织一样，必须不断适应新的条件，走在时代前沿，否则将很快失去大学的活性"，"我们的目标是走在科学发展的前面，在技术领域为我们的国家做出杰出贡献。为此，我们给学生提供专业培训，灌输崇高的理想及专业的职业情操，并通过直接为政府和社会服务培养学生在该领域的特殊能力。我们的理想是用最好的方式履行我们的社会服务职能，并保持在该研究领域的领导地位，以及以独特的方式呈现这种服务职能。"[1] 康普顿校长和他的同事们系统阐述了 MIT 为社会经济发展服务的理念。

第二次世界大战期间是 MIT 实现转型腾飞的关键时期，康普顿在这一时期积极建立与联邦政府的关系，争取联邦政府和美国军方的科研项目，进行深入合作，推动了一大批交叉学科的兴起，建立了一批后来享誉世界的跨学科研究中心和实验室。[2] 这些实验室帮助 MIT 获得了大量来自美国联邦政府的科研经费，提升了 MIT 的科研水平，MIT 从众多的研究型大学中脱颖而出，成为大学与政府合作的典范。在康普顿的办学理念中，他特别强调大学在科学研究中与政府的合作，认为能够得到政府支持的科研项目才是健全的国家投资，也将有利于经济的繁荣发展。二战期间，与联邦政府合作开展军事项目研究成为当时 MIT 的一大亮点。MIT 以其出色的军事应用技术研究闻名于世，以其规范严格的学术研究、灵活而鼓励创新的学术机制成功确立了其世界一流大学的地位。MIT 的大学使命如下：MIT 致力于在科学、技术及其他学术领域的知识开拓与学生培养，面向 21 世纪更好地为国家和世界服务。[3]

6.1.1.1　MIT 的创业组织结构及其运行

MIT 目前拥有 1 000 余名教师，招收 4 200 余名本科生和 6 000 余名研究生，其学生来自于世界 100 多个国家和地区。MIT 校董事会由来自高等教育界、学术界、工程领域、企业与工业界及其他行业的 70 余位社会知名人士组成。麻省理工学院的组织架构如图 6-1 所示。

---

① KARL TAYLOR COMPTON. Report of the president［R］. Massachusetts Institute of Technology. Report of the Committee on Educational Survey, 13.

② http：//www. statemaster. com/encyclopedia/History-of-the-Massachusetts-Institute-of-Technology #_note-12, 2014-12-03.

③ https：//web. mit. edu/about/mission-statement/2022-06-25.

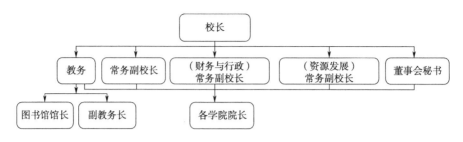

图 6-1　MIT 的组织架构

资料来源：研究者自制。

MIT 下设建筑和城市规划学院，工程学院，人文、艺术和社会科学学院，斯隆管理学院，理学院，健康科学与技术学院 6 所学院，34 个系（部门），拥有众多跨学科研究中心、实验室以及各类科研项目。

从学科分布来看，麻省理工学院的二级学院内，建筑和城市规划学院下设建筑学系、传媒艺术与科学系、城市研究与规划系，人文社会科学学院下设经济学系、人文学系、语言学系、哲学系、政治学系，斯隆管理学院下设管理学系，健康科学与技术学院下设大脑与认知科学系，上述基本属于人文艺术与社会科学学科群；理学院下设数学系、物理学系、化学系、生物系、地球大气与行星科学系，属于理学学科群；工程学院下设航空航天工程系、化学工程系、土木工程系、电气工程与计算机科学系、材料科学与工程系、机械工程系、原子核工程系、海洋工程系，属于工学学科群。麻省理工学院只有我国学科分类中的工学、理学、文学、经济学和历史学五类，并不是我国一些大学所追求的门类齐全的大学，但是，麻省理工学院为世界贡献了 55名诺贝尔奖获得者，同时有 218 名在职和已经退休的美国国家科学院院士、23 名国家勋章获得者。在学科排名方面，不管是人文与社会科学领域还是其传统强势的理工领域，麻省理工学院都有很多世界知名的学科，其数学、物理学、光学、计算机科学、航天科技、化学工程、经济学、管理信息系统等专业在全美排名第一。

作为创业型大学的典范，MIT 在创业组织建设方面做出了积极的尝试。麻省理工学院设有多个推动技术转移的专门机构，主要分为创业管理和服务机构以及创业实践机构两种类型，诸如技术转移办公室、产业合作计划、创业中心（entrepreneurship center）、创业论坛（enterprise forum）、创业辅导室、转化中心（venture mentoring service）、风险资本与私募股权俱乐部（venture capital and private equity club）、科学和工程商业中心（science and engineering business club）、技术俱乐部（technology club），其他学生/校友团体（other student/alumni groups）等。这些专门性机构推动了麻省理工学院的技术转化进程，形成了大学创业文化，营造了浓郁的创业氛围。

MIT 基本的技术转移过程经历了广泛扎实的基础科学研究、科学研究基础上的技术发明、机会的评估（包括潜在的商业价值、技术优势、保护能力、发明文件等）、知识产权保护法律化过程、商业化战略与策略规划制定、形成生产产品协议或创建公司（产业孵化平台）、公司运营、学校资本退出、无形资产变现、监督技术许可（包括技术的孵化、知识产权的保护、资金的投入等）的系列实施过程（如图6-2所示）。

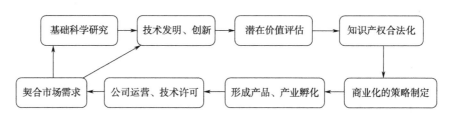

图6-2 技术转移过程

6.1.1.2 MIT 创业管理机构

（1）技术专利办公室（technology licensing office）

其任务是推动麻省理工学院发明和创造的实践和应用转化，使得这些创新能够造福于社会。技术专利办公室代表学校对教授发明的技术进行评估、代理专利、商业谈判及过程实施监督等，为大学师生所进行的创新专利提供政策支持和相关的咨询，提供创业指导和建议，帮助创业项目实现商业模式的推广，寻找潜在的市场投资等。技术转移工作面对的是市场运作，需要具有雄厚的工程技术、法律、金融等多方面的实力与经验，而学校里的教授与一般管理人员难以担当起这一重任，该办公室的工作人员是从社会上招聘的具有工商管理硕士或哲学博士学位，有企业长期实践经验的技术专家、管理专家、法律专家，有近80%的工作人员来自于企业，一般具有工程师的头衔与专业能力。该机构的人员编制和运转经费均由学校专门配备。MIT 技术转化的重点集中在生物医药、电子信息、新材料等领域，其技术转移的二级机构也按照专业领域进行划分，实施一条龙服务与管理。

（2）技术转移办公室（technology transfer office）

MIT 为推动大学的科研技术成果转化，设有专门的技术转移办公室，作为学校的行政管理与服务机构，全权代表学校处理学校教授发明的专科技术，并制定促进技术转移的制度与条例，设立明确的推进技术转化和创业的政策及程序，加速学校技术转移工作。在 MIT 技术转化政策和程序手册中，明确了大学知识技术成果所有权、分配以及相应知识技术成果转化的政策、管理以及使用和分配程序。《MIT 技术程序及政策指南（2010 年版）》对专利、商标、贸易与服务、网络软件、有形资产、商业机密等有详细而明确的要求。①

MIT 技术转移办公室专门发布了面向教职员工、学生和创业企业的《创业行动指南》，为大学师生提供创业交流平台，旨在帮助推动大学教师和学生创业项目的启动和实施。自 2001 年开始，MIT 平均每年都有二十余家创业公司成立。"创新从这里发生并作用于实践。MIT 的师生、校友们视创新为推动经济增长的重要力量。在这里，创新成为大学、地区、国家乃至世界发展的动力源泉。"② 麻省理工学院校长苏珊·菲尔德（Susan Hock Field）给予大学创业活动很高的认同和评价。

《创业行动指南》中详细指明了创业行动启动的六个步骤：①建立联系。鼓励校园内师生与技术专利办公室建立联系，讨论创业早期技术专利的保护及转化。②保护知识产权。创业起步阶段，吸引投资的主要资源在于知识产权和技术发明专利。知识创新初期的公开可能会限制该专利在美国之外的专利权，因此非常有必要与专利代理人联系保护创新的产权。③寻求投资，建立网络。MIT 的创业生态系统为创业提供了丰富的资源，一个完美的商业计划能够吸引企业家和投资者助力完成创业项目商业化的实现。④形成商业计划。在此阶段，了解市场潜力、竞争状态以及计划的资金需求，推进创业项目的商业化，实现转化，维持和发展创业公司的运转。⑤就知识专利谈判或达成协议。此阶段要与有关人士进行协商，达成知识技术专利的许可协议。⑥寻求投资。知识技术专利的商业化是典型的资本聚集过程，麻省理工学院的创业生态系统可以帮助创业项目获得风险投资。

（3）企业合作关系办公室（Office of Corporate Relations，OCR）③

MIT 设有企业合作关系办公室，通过对有关科研项目予以资金支持、方案咨询、助学金等多种方式帮助教师开展与 MIT 相联系的公司产品转化行动。其任务是通过产业合作计划（the industrial liaison program，ILP）以及相关活动，建立和加强 MIT 与产业界的互利联系。企业合作关系办公室为研究者、管理人员以及从事业务活动的大型公司提供了有价值的连接。通过 OCR 的工作，MIT 的教师可以将他们的研究成果推广到美国几乎所有领域的相关公司。该组织采用项目负责的方式，由一位产业联络官负责维系一个公司的投资组合，负责了解该公司的投资兴趣点和投资发展活动，并将这些公司与 MIT 的

---

① MIT Technology-Policies and Procedures June 2010. Policy Guide 2010. 6. 3. doc

② An Inventor's Guide to Technology Transfer at the Massachusetts Institute of Technology. An Inventor's Guide to Startups：for Facult and Students ［EB/OL］. http：//web. mit. edu/tlo/www/，2015-09-15.

③ http：//ilp. mit. edu/media/webpublications/pub/literature/mit_ilp_facultyguide. pdf，2016 - 03 - 18.

教师有效对接。

OCR 通过主办各种活动，加强教师与需求公司之间的联系，诸如组织参观校园、开展行业发展研究研讨会、发行研究简报、召开视频或电话会议等。有近一半的 ILP 成员公司会提供额外的研究资金支持 MIT 的研究项目。OCR 对推动 MIT 学生的就业也有非常积极的作用，项目合作有利于这些公司更加有效地聘用 MIT 的优秀毕业生，在项目合作中，公司还会通过开展本科研究计划、本科生实习计划，以及提供研究生基金等形式对优秀学生予以资助。OCR 会定期汇总一段时间内的研究论点、项目及有关注意事项，按月推送给纳入 ILP 在线知识数据库中的每一位 MIT 教师，及时有效地联结企业需求和教师的研究。教师可以通过 ILP 在线知识数据库将他们的研究和技术知识分享给会员企业，会员公司有权访问该数据库，并通过该平台建立与教师的联系，确立初步的合作兴趣和意向。该数据库囊括了 8 000 余个研究项目，包括主要研究者、关键词、网址链接、研究单位（部门/实验室/中心）、研究领域等内容，可以实现在线交互式搜索研究项目、MIT 的研究项目、科研论文以及 MIT 创业公司。

6.1.1.3 MIT 创业实践机构

（1）德什潘德中心（The Deshpande Center）

该中心的主要工作是推动大学新技术在市场上的应用，架起大学科学研究与实践应用从理念到应用转换之间的桥梁。该中心为麻省理工学院师生在大学开展的科研发明提供资金资助，任何需要寻求商业合作的技术创新都有资格获得中心的资助，其资助重点是具有技术转化适用性的初创公司。中心对具有市场前景的探索和科研性的概念项目予以最多 5 万美元的资金支持；对于一个处于研究早期、准备吸引风险或商业投资的项目，则有高达 25 万美元的资金支持。中心并不简单地予以资金资助，它还可以提供给来自市场、商业企业的志愿者，帮助推动创新项目的研发和转化。中心举办相关的研讨会、沙龙之类的活动，培养创新精神，推动建立研究实验室与社会、企业的联系。① 德什潘德中心作为一所概念证明中心，对于帮助解决大学研发成果与可市场化产品之间的空白、跨越研发活动与产品开发之间的"死亡之谷"是一种非常有效的全新组织。

（2）马丁智囊中心（The Martin Trust Center for MIT Entrepreneurship）②

2011 年 12 月，麻省理工学院马丁智囊中心［其前身是 MIT 创业中心（1958 年）］正式成立，主要为 MIT 师生提供教育、培训、网络联系和庆典等创业指导和服务。马丁智囊中心为 MIT 提供从入门到高级全方位的创业课程，

---

① http：//web. mit. edu/deshpandecenter/，2015-09-04.

② https：//entrepreneurship. mit. edu/，2015-09-04.

面向来自麻省理工学院的工程学院、理学院、管理学院、建筑与规划学院、人文学院、艺术与社会科学学院以及惠特克学院的本科生和研究生。

（3）创业论坛（The Enterprise Forum）

数十年来，创业论坛持续为科技创业项目提供网络和支持服务。通过定期举办区域性的科技项目论坛，如麻省理工学院的剑桥论坛等，向社会推广具备市场价值的科技创业项目。创业论坛向对科技创业感兴趣的任何个人和企业都是开放的。①

（4）各类学生创业机构

麻省理工学院还拥有众多的学生组织，诸如创业者俱乐部（Entrepreneurs Club，E Club）、创新俱乐部（Innovation Club，I Club）、科学和技术商业俱乐部（Science and Engineering Business Club，SEBC）、风险和私募投资俱乐部（Venture Capital and Private Equity Club，VCPEC）等，这些自发成立的学生组织也积极参与校园创业活动。

麻省理工学院年度经费统计数据显示，2021 年，MIT 财政运营支出37.287 亿美元，其中赞助性研究支出 17.755 亿美元，占 48%；非商业性的教学及科研支出 11.774 亿美元，占 31%；一般及行政（含协助企业和校友会）管理支出 7.738 亿美元，占 21%。2021 年，MIT 财政收入 39.451 亿美元，其中，林肯实验室研究收入 11.18 亿美元，占 28%；新加坡—MIT 联合项目收入 2 870 万美元，占 1%；投资回报收入 9.126 亿美元，占 23%；学费收入3.443 亿美元，占 9%；其他营业收入 2.009 亿美元，占 5%；各类捐资收入12.586 亿美元，占 33%；附属企业收入 8 200 万美元，占 2%②。

2021 年秋季，MIT 宣布"建设更美好的世界"项目结束。该项目自 2016年正式启动，共筹集 62.4 亿美元，用于资助应对人类重大挑战的研究。在该项目中，共有 11.2703 万个人和组织参与进来，该项目 63%的资金支持来自于 MIT 的校友捐赠。这个项目支持设立了数百个奖学金，鼓励学生和教师，力图推动提出人类面向挑战的创新性解决方案。该项目同时为研究实验室、教学、创新创业及科学研究提供资助。③

美国专利及商标局（USPTO）2022 年的统计结果显示，从 20 世纪 60 年代末到 2014 年，MIT 获得授权专利共计 4 017 项④，在此背后是高达 7 948 项的申请专利数据，获得授权专利数占总申请数的 50.5%。

---

① http：//www.mitforumcambridge.org/，2015-09-04.
② http：//web.mit.edu/facts/financial-stats.html，2022-06-25.
③ http：//web.mit.edu/facts/campaign.html，2015-11-03.
④ https：//developer.uspto.gov/visualization/university-patent-count-expenditures，2022-06-25.

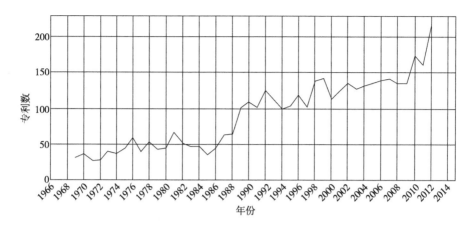

图6-3 MIT获得的授权专利数据（美国专利及商标局）

6.1.2 MIT的创业组织资源

MIT的创业资源主要可以分为几种类型：教师及创业课程、各类创业组织及平台、学生组织和社团。

6.1.2.1 教师及创业课程

所谓大学，非有大楼之谓，乃有大师之谓。大学之精神在于大学校园中的人，教师是大学精神的实践和体现者。MIT的创业教育通过大学师生、创业课程这两个要素来实现。

MIT是美国最早开展创业教育的大学，1958年，该校工程学教授包曼（Dwight Baumann）面向全校开设了创业学课程，系统地从理论和实践层面对学生进行创业创新教育。自1996年MIT设立创业中心（MIT Entrepreneurship Center）以来，学校内部一直保持着创业教育与实践活动之间的良性互动，催生了众多围绕创业和技术转化的跨学科组织与项目。在MIT内部形成了创业氛围浓郁的创业生态文化。

MIT的学生不受所在系所的专业课程的限制，可以自由选修课程，以此扩大学生学习的广度，增进学生的思考和学习。MIT创业中心为本科生提供了诸如"创新与专利"（Inventions and patents）、"创业及管理者政策"（Law for the entrepreneur and manager）等7门创业类课程，为研究生开设了"创建和管理有效团队"（Building and leading effective teams）、"创新与创业管理"（Managing innovation and entrepreneurship）等59门创业类相关课程。[①] 这些课程涵盖了如何撰写完成商业计划书等一般性创业课程（"商业计划书细节讲

---

① ocw. mit. edu/courses/entrepreneurship/，2015-09-04.

授"等)、涉及创业活动的专业性课程("创业营销""如何开发突破性产品"等)、涉及专业技能的专业课程("商业软件""生物医药企业的战略决策"等),以及体验类创业课程("领导力实验室""创业实验")等四大类课程,这些课程从理论到实践较为全面地为学生提供了解和实践创业的系统工程。在创业实验和全球创业实验课程中,组织选修该课程的学生(这些学生来自MIT不同的院系)组成项目团队,与来自高新科技企业的高层管理团队合作,获得实际的管理和开发经验,体验在美国本土或海外开创和运行一个创业企业。

MIT的创业教育手段多种多样,在授课过程中注重实践经验的传承,邀请企业管理层及校友分享创业经验是MIT创业教育的一大特色。例如,"CEO观点课程"邀请了来自信息、能源、金融、娱乐服务等企业的CEO与学生共同交流,学生与来自企业一线的管理者交流互动,帮助学生接受来自企业顶级高层管理者的智慧火花。除此之外,MIT创业指导服务中心还为有潜力的创业者提供志愿咨询服务,每个项目有3~4人的顾问团队,为创业者提供一学期的免费创业指导。

6.1.2.2　各类创业组织及平台

MIT的创业活动是由大学教师和管理者以项目或者计划的形式负责运作,这些官方的创业组织以各种类型的创业中心为表现形式。MIT的官方创业组织有十余个,在不同的层面和领域支撑着MIT整个创业生态系统。

MIT官方创业组织根据发挥作用、提供的服务以及面向对象的不同,基本可以分为五种类型。

第一种类型主要是为创业者和创业活动提供专业教育和服务,发挥联结和平台作用。例如,MIT企业论坛在全球有24个分论坛,通过以毕业生为主建立的全球商业系统与MIT在校学生联系起来。MIT创业中心使大学创业者与企业保持联系,通过发挥自身在创业学科中的研究和教学优势,建立由创业研究教育者、创业者、企业人士共同组成的创业教育团体。还有的官方组织以资本、金融等为主题,通过建立创业平台和网络联系创业者和企业,资本网络主要负责在寻求资金投资的创业者与天使基金等资本投资者之间建立联系。

第二种类型是为创业活动提供专业分工与整合工作,在创业活动中提供专业的创业服务。技术转移办公室、德什潘德中心、产业联络计划(Industrial Liaison Program)均属于这一类型。技术转移办公室为MIT的发明成果、专利申请、商业营销、商业化授权提供咨询服务。德什潘德中心为创新项目的早期研究提供小额资金资助,通过优化流程实现对创业过程的整合管理。产业联络计划主要为企业界联系校园机构提供一站式服务，通过了解企业的产业发展需求，在产业界与 MIT 科研部门之间建立联系，至今已经为企业界与MIT130 多个研究机构搭建了桥梁。

第三种类型是专注于专业领域的创业组织。这类组织偏重于工程、医疗生物、能源、信息等领域的创新和创业活动，重点关注特定领域的产业和学术联结，致力于专业领域的产品研发，创业仅是其学术成果涉及商业化的一部分活动，如产品开发研究中心、生物医疗创新中心、信息商业中心等。

第四种类型是通过竞赛、论坛等形式推动创业活动的组织。通过开展各种形式的论坛和竞赛选拔优秀的创业者，赋予荣誉称号并给予一定的资金资助，吸引来自各方的关注，提高创业者的创业积极性。其中，莱姆尔森奖是MIT 乃至全球单项奖金最高的项目，单项奖金高达 50 万美金，其中的"跨越项目"用于资助未来的发明和创新者。

第五种类型是创业教育型组织，此类组织偏重于进行创业教育与辅导，如 MIT 创业中心、企业论坛、创业辅导服务中心等。

MIT 创业生态系统中，这些官方的创业管理、服务和实践组织为 MIT 开展创业创新行动，为区域乃至全国提供有效的技术创新、转化元素，培养具有创业创新精神的优秀人才，形成 MIT 创业文化起着关键性的作用。其具体的行为如图 6-4 所示。

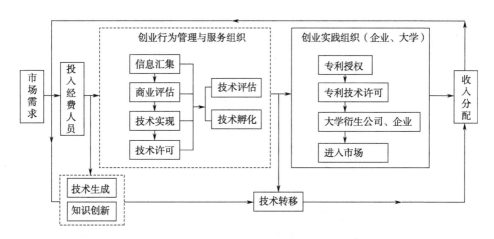

图 6-4　MIT 创业生态系统图

资料来源：研究者自制。

6.1.2.3　学生社团

学生社团一直是美国大学充满活力的一支力量，与其他大学一样，MIT的学生社团在其创业生态系统中也扮演着非常重要的角色。学生社团通过各种各样的课外活动，填补学生在课堂上学到的基础理论知识与实践应用之间的缺口。创业者俱乐部（Entrepreneurs Club）、创业社区、创新俱乐部等都是由学生自发组织形成的，这些学生组织通过开展各类活动，组织来自全校不同院系对创业感兴趣的学生、校友和相关人士，共同交流，碰撞创业火花，形成良好的创业氛围和网络。例如，MIT 开展的"10 万美元创业大赛"（MIT $ 100k Entrepreneurship competition）

MIT 的"10 万美元创业大赛"是目前全球最大和最著名的完全由学生组织管理的商业计划竞赛。MIT 各学院的学生均可参加，要求参与团队中至少有 1 名成员是 MIT 的全日制学生，创业大赛的会员则不限于 MIT 学生。大赛的评选由麻省理工学院工程技术学院和斯隆管理学院负责，MIT 创业中心予以支持。MIT 的创业大赛项目最早开始于 1990 年，那时的大赛奖金为 1 万美元，奖项金额在 20 世纪 90 年代持续增长，1996 年增长为 5 万美元，其中冠军 3 万美元，分设二、三名，各奖 1 万美元。到 2006 年，在原有基础上补充了面向低收入地区开展的竞赛项目，麻省理工学院"10 万美元创业大赛"正式形成。

通过 MIT 创业者俱乐部（MIT Entrepreneurs Club）中的成员之一伊恩·麦克唐纳德参与的一个创业项目的整个过程，可以了解 MIT 创业生态系统的基本轮廓。

"制造业领导者"项目是 MIT 斯隆管理学院、工学院和校外企业的一个合作项目，由企业提供资金、实习机会，并帮助学生掌握一定的专业技能。该项目旨在培养学生成为制造业管理人才。伊恩·麦克唐纳德是参与该项目中的一名学生。在创业者俱乐部，伊恩组织团队参加 MIT 一年一度的创业大赛，希望赢取 5 万美元的创业基金。他在创业者论坛上与大家交流，希望大家能对他们的商业计划书提出一些意见。在此之前，伊恩和他的团队是在"创新团队"的课堂上，基于南诺赛尔电力项目组成的。"创新团队课程"是由斯隆创业中心、风险投资与私募股权俱乐部以及德什潘德中心共同开设的一门课程。在该课程中，学生可以尝试为 MIT 的技术项目提供营销计划，推动技术项目的转化和商业化。修读"创新团队课程"的学生会与教授、技术专利发明者、来自企业产业界的辅导教师定期接触，交流有关技术应用和推广，同时还会与 MIT 技术许可办公室和专利许可专家们定期会面，了解 MIT 的知识产权政策。南诺赛尔项目是众多创业项目中的一个，其核心技术是推进制造更小、更便宜的充电电池关键部件。该技术是由一名 MIT 机械工程教授在德什潘德中心创业基金的资助下研制开发。南诺赛尔电力项目在 5 万美金创业大赛中赢得了第二名的优秀成绩，获得了 1 万美金和办公场地的资助。

　　该项目是 MIT 创业生态系统中极为普通的一个创业项目，在过去的十多年间，数十个类似的创业组织在 MIT 出现，这些组织、项目、论坛的出现推动了 MIT 创业项目的商业化，使得过去极具偶然性的技术转化有了正式、有计划的发展路径。

　　MIT 能够从容灵活地应对瞬息万变的世界，大学所具有的开放性和灵活性必不可少。MIT 在全球高等教育领域内取得了令人瞩目的成就，发展成为世界上最好的大学之一，与这所大学能够不断调整办学方向、适应社会发展需要、以追求科学技术进步为导向的发展路径是分不开的。麻省理工学院始终怀着孕育、传播并保护知识的信念，通过合作研究，始终将大学的知识研究紧跟世界上最具挑战性的科研领域。麻省理工学院努力为学生和社会提供高质量的教育，这所大学将严谨的学习、令人激动的科学探索以及多元化的校园科技园区融合起来，激发学校每一位成员的热情，融合拓展他们的技能，为造福人类而积极推动富有创造性的工作。创业活动一直是 MIT 文化的重要组成部分，近些年，创业活动的作用和重要性愈发显著。

6.1.3　MIT 与美国的 128 公路产业带

　　第二次世界大战之后，美国兴起两个高科技产业带——128 公路产业带和硅谷，它们作为高科技综合体，历来备受关注，两者也常被作为大学与地区经济发展关系的研究对象。相对而言，硅谷地处美国西部的加州地区，距离美国政治文化中心较远，较为开放，受到东海岸保守文化的影响较少；128 公路产业带作为高科技产业区，其整体发展环境更加复杂。128 公路产业带的形成与麻省理工学院的助推密不可分，128 公路产业带的每一步前行都是该地区创业机构摒弃传统保守文化、逆势构建创新氛围的结果。在这一过程中，MIT 作为创业型大学的先锋，在生产知识、推动创新、构建地区创新创业文化的过程中功不可没。

　　麻省理工学院创业型大学的形成由来已久，其创业文化和氛围的关键性要素在大学创建之初就已经萌芽。麻省理工学院对于技术知识在社会中的转化和应用极为重视，在其 200 余年的发展历史中，麻省理工学院为当地高新技术产业的发展提供源源不断的人才和技术成果，在区域产业结构调整中发挥了非常重要的技术引领和人才支撑作用。麻省理工学院与高新技术产业、商贸服务产业、区域文化产业紧密联系在一起，以大学为知识生产和创新核心，将大学、科技与经济有效结合，推动了整个区域的产业结构升级，带动了整个区域经济增长方式的根本性转变。创造分享新知识成为促进经济发展并保持经济活力的关键。麻省理工学院在波士顿都市区工业发展中的作用有目共睹，其发展带动形成了美国乃至全球闻名的"128公路高科技园区"。128公路又被称为"美国的高技术高速公路"，是位于美国马萨诸塞州波士顿市的一条长约108公里半环形公路，修建于1951年，距波士顿市区约16公里。公路两旁林立电子、宇航、国防、生物工程等大大小小的公司和工厂，是一个比硅谷更早的高技术工业群，被称为"金色半圆形"（见图6-5）。

图6-5　美国128号公路高科技园区

资料来源：http://www.ks5u.com/pic_ks5u/2008-7/17/2311.shtml。

　　第二次世界大战以前，位于波士顿的麻省理工学院的一些研究实验室分化出新技术公司。在此期间，MIT鼓励校内从事工科工程研究的教职员工与社会企业联系，允许大学教师向当地公司提供咨询服务，而且鼓励他们创业、开办公司。高新技术公司推动了大学技术成果的转让和实践转化，通过创立高新技术公司，MIT各研究实验室的创新成果被快速地转化成有市场需求的产品，由企业公司加以商业化。微电子技术革命开始后，MIT和美国政府加强合作，通过建立风险资金公司或接受政府、企业的拨款资助，从MIT研究实验室孵化出来的大批高技术公司在大学周边地区落户，形成了巨大的高技术综合体。

　　20世纪50年代后期开始，出于美国国防部门和发展外太空计划的需要，美国政府与MIT的合作更加密切，MIT周围的创业公司数量剧增，短短15年的时间，MIT周边的公司由40家猛增到1 200家，其中不乏享誉世界的DEC（Digital Equipment Corporation）等大牌公司。DEC公司就是奥尔森从MIT的林肯实验室中萌生的创业公司。这一时期，美国政府对军品的需求促使该地区有了一个较大的发展。1950—1960年，该地区仅从美国国防部就得到了60

亿美元的订货合同。整个 20 世纪 60 年代，在联邦政府巨额研发资金和军品订单强有力的支持下，128 公路地区的创新活动蓬勃发展，新的公司不断涌现。到 1965 年，128 公路地区已有近 600 家科技型企业，军事科技领域的需要催生和推动了该地区的繁荣发展。到 1970 年，128 公路地区已经成为美国著名的电子产品创新中心。1980 年，该地区中档计算机销售总额占全美销售额的 34%。

进入 20 世纪 80 年代，随着国防和军用需求开始下降，128 公路地区步入发展瓶颈阶段。受后起的硅谷发展的影响，128 公路地区转变技术方向，加快了向微电子工业发展的步伐，马萨诸塞州出台了本州的减税法案，从政策上促进 128 公路地区的发展。近年来，该地区在生物技术领域独特的发展也带动了该地区产业结构的调整，由微电子产业逐步转向全美生物技术走廊。MIT 拥有的多项专利授权或转让给世界领先的制药、化工、生物技术和医疗设备公司。有关数据显示，该地区顶尖的 10 家生物技术公司中，有 8 家是由 MIT 的教师和毕业生独立创办。Roberts 和 Eesley 在 2009 年进行的研究显示，全球大约有 25 000 家以上的公司由麻省理工学院的校友创办，创造了约 3 000 余万就业岗位以及年均 2 万亿美元的销售额。一家名叫 The Work Foundation 的英国咨询公司认为，波士顿是"智力城市"，即知识城市区域（a knowledge city region），它列出了波士顿的优势：世界一流的研究机构、人力资本、一个大型的多样的技术部门、支持新公司的金融服务和风险资本，以及最近发展起来的生物技术"超级集群"（super cluster）。[①]

麻省理工学院已经形成了非常成熟的培养创业者的系统工程，被公认为世界领先的创业型大学典范。[②] 麻省理工学院建校的初衷在于为当时的波士顿地区制造业提供支撑，将科学技术研究成果应用于纺织、皮革、金属制造产业，提高这些产业的技术能力和创新水平。当然，随着产业的调整和发展，最初的这些产业已经发生了变化，有的甚至衰退，MIT 也不断地随着社会区域需求而调整发展方向。但不管具体产业发展的变化如何，麻省理工学院始终致力于鼓励将大学的科研成果应用于实践，推动周边区域形成内生动力的发展战略。

在区域创新生态体系的建设当中，麻省理工学院发挥了重要的核心推动和引领作用。128 公路高科技园区是以 MIT 为主导的大学科技园，主要以释

① MALECKI. Boston's high - technology economy：fromRoute 128 to Genetown ［J］. AAG Journal, 2008, 43（1）：4-6.

② FISHMAN, O'SHEA, ALLEN. Creating the MIT entrepreneurial ecosystem ［M/OL］. London：Cambridge University Press, 2014：60-87. ［2013-12-03］http：//dx. doi. org/10. 1017/CBO9781139046930. 006.

放大学和科研机构的创新能量为目标。自从建校起，MIT 就把精力集中于和政府建立联系，并与周边企业建立良好的产学研合作关系，通过鼓励大学里面的人才参与成果的产业化，形成知识密集和人才群聚的优势来吸引企业，进而形成高科技产业集群。波士顿银行早在 1997 年的工作报告中就明确肯定了波士顿地区的大学所带来的影响远比现代经济史上的任何一个时期都要明显和重要，认为该地区的大学成为吸引本土和国际企业来此发展的磁石。报告指出，"如果将由 MIT 的毕业生和教职员工组成一个独立的国家，那么形成的收入将相当于在世界排名第 24 的经济体。与 MIT 相关联的 4 000 家企业雇用了超过 110 万名的员工，年销售额达到了 2 320 亿美元，折合国内生产总值约等于 1 160 亿美元，比南非的 GDP 略低而高于泰国的 GDP。"①

从 MIT 与政府的关系来看，美国二战及以后时期的大量军事采购和资金投入是 128 公路高科技园区形成和发展的重要因素之一，因此，MIT 有关管理机构和相关企业一直致力于形成和保持与政府之间的紧密关系。政府在科研资金投入、园区规划、政策制定和产业发展中均有介入。州政府给予区域内创业型大学资金投入，有效地推动了该区域大学科技研发面向产业需求的转化，形成了区域创新集群。区域创新系统的形成也是该地区多年的政策环境营造，发达的资本运作市场，形成鼓励创业、允许失败的创业文化等多因素作用的结果。从研发投入来看，MIT 所在的马萨诸塞州政府在区域研发上的投入在全美也位居前列。区域创新系统的形成得益于该地区产业部门的创新活动以及与创业型大学、相关科研机构的联合研发项目，这些对创新性产业集群的形成和成长非常有利。

从 MIT 与企业的合作行为来看，波士顿 128 号公路高科技园区创新网络的各个行为主体相互之间保持着严格的边界，往往通过正式的市场交易活动来交流所需的创新资源，形成了以大学为主导的、联合企业界管理的模式。128 公路产业带的企业多沿公路两侧建设，在空间上较为松散。附近公司多数规模较大，企业发展完善且自成体系，具有分散、自给自足的组织结构特点。企业的生产活动集成在内部完成，使得该区域企业之间缺乏交流，难以形成外部分工网络。由于受到政府大力扶持，该地区多数企业的员工收入稳定，具有稳定的升迁机会，企业之间横向的人员流动较少。通过与大型企业的技术转移，MIT 推动了该区域产业集群的快速发展。

新世纪，在 MIT 及周边多所大学的共同努力下，美国 128 公路地区已经完成了又一次的产业调整，抓住网络经济和通信技术等的发展机遇，形成了

---

① COLE. The great american university：its rise to preeminence, its indispensable national role, and why it must be protected [J]. Public affairs, NewYork, 2009：79.

一个以软件、通信、医疗技术和金融服务为主的高科技园区，并不断地吸引美国顶尖高科技公司的创办和进驻。

麻省理工学院对于学术研究在实践应用中孜孜不断的追求反映在学校发展的各个阶段。从大学组织文化层面来看，MIT 提出并实践了手脑并重（mind and hand）、学术与实践融合发展的大学理念，完全契合创业型大学的精神内涵，引领大学发展，推动创新转化与社会实践需求相适应的创业创新精神反映在大学的教学、人才培养、组织架构、资源运行等各个方面。从大学组织结构和创业组织资源建设来看，MIT 也有其独特的发展路径，MIT 的创业组织结构呈现纵向管理模式，注重技术转移标准的设立和转移的有效评估，各种创业组织的设置和运行均围绕大学科学技术成果的核心应用转化。在对创业行为的推动方面，MIT 注重激发校内教职员工、学生的自主创业意识，开设创业课程，支持各种创业平台的整合及互动。从 MIT 推动区域创新发展层面来看，MIT 通过加强与政府的联系，通过项目合作、技术支持、提供咨询服务等模式建立与区域产业发展、相关企业的联系，发挥一所大学在区域创新系统中的创新动力源和智库作用。MIT 将高深的专业学习、令人激动的科学探索以及丰富多元的校园科技文化融合起来，成为美国乃至全球创业型大学的佼佼者。128 公路地区由大学创业发展而形成产业集群的经典依然在继续。

6.2　国内创业型大学发展案例

我国现代大学的发展已有百年历史，每一个阶段大学的发展都有明显的社会印记。当前，创新成为我国提升国家竞争力、推动经济发展的原动力，创新驱动发展已经成为当前发展的时代主题。在这样的背景下，如何推动我国创业型大学的发展、构建富有生命力的区域创新系统，不仅是大学自身发展的需要，也是大学必须承担的社会责任。目前，我国创业型大学尚处于发展的初级阶段，在某种意义上，我国还没有真正的创业型大学，但并不能由此否认我国一些大学在朝着这一方向努力，很多大学也开始逐渐转型。

在我国创业型大学的发展实践中，无论从学校的综合实力还是专业学科的优势地位，北京邮电大学（BUPT）都无法与 MIT 并论。与 MIT 类似，BUPT 的工科是学校的优势学科，其信息与通信工程学科目前处于我国相关学科前列。作为国内通信信息领域重点学科建设的大学以及学校中已经萌发的研究与相关产业紧密结合的创业趋向，选择将 BUPT 作为我国初有萌芽创业型大学的个案考察，可以部分呈现我国创业型大学发展实践的努力。研究其面向市场和应对社会提出的创新需求的回应方式,对 BUPT 的组织文化、创业组织架构以及在实践过程中体现出的特征进行梳理,我们可以看到中国创业型大学尤其在创新创业人才培养和服务行业发展方面所做的努力,揭示我国具有创业型大学萌芽的大学的组织变革动向,为我国研究型大学发展的进一步转型和发展多样化提供有益的借鉴和思考。

6.2.1　BUPT 组织理念的演进和创业组织架构调整

北京邮电大学以信息科技为特色、工学为主体,是我国信息科技人才的重要培养基地,在推动信息技术发展,引领行业转型,积极推进知识创新、技术研究成果与产业密切联系,在推进行业和区域创新系统建设方面积极努力实践。与其他所有积极进取、注重学科基础研究和实践应用的大学一样,北京邮电大学理工科学科背景浓郁,从诞生之日起就带有推动技术创新和服务社会的深刻印记。学校在实践发展中努力尝试显著的创业变革,无论是从办学理念、管理模式,或是实践上开始积极转型。学校对区域创新系统的推进体现在学校与产业、政府的关系上,彰显其对所在区域经济发展的推动作用。

时代对技术更新和科技发展提出了日新月异的需求,为应对变化迅速的市场需求,北京邮电大学根据经济社会的发展,凝练出"在素质教育中培养通信人才,在科技创新中突出信息特色,在行业引领中服务现代社会,在信念执着中传承大学文化"的办学理念。从学校办学理念凸显科技创新、行业引领和社会服务层面,可以清楚地看到这所大学面向社会发展需求,积极应对产业发展诉求办学的勇气和诚意。对大学服务社会职能的认可来自于对大学职能的深刻理解,来自于大学开放办学的胸怀。服务社会,推进知识技术和产业的结合体现在大学积极面向社会,密切与行业、区域和企业的合作,凸显创新创业人才培养,加强知识创新、传播与科技成果转化,哺育知识型产业,为社会提供智力支持和知识技术支持等多个方面。伴随着改革开放四十多年来我国通信信息行业的飞速发展,在办学理念的指导下,学校逐渐形成了引领行业发展最新研究方向,紧跟社会时代的现实需求,服务行业与社会,重视研究成果的转化,鼓励勇于创新实践的创业文化。

从创业组织的整体架构来看,北京邮电大学创业组织主要由相关的组织管理机构、开展创业创新的研究机构、创业实践机构三个层面组成(见图 6-6)。

2013 年 1 月,学校进行了机构重组,成立了北京邮电大学科学技术发展研究院,主动寻求科研管理和技术转化。该研究院主要负责学校科研活动的

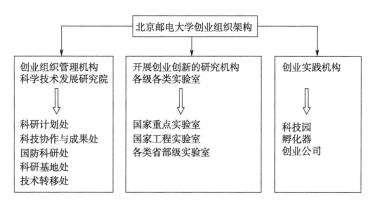

图 6-6 BUPT 创业组织架构图

组织、管理和服务，以及学校科技创新平台的建设与管理。研究院充分发挥整体优势，在有效争取国家和社会各种科研资源，加强成果与知识产权管理，推进科技成果的推广，建设高水平研究基地等方面发挥了积极的推动作用。通过专利研究和申请、技术推广服务、科学技术合作研究、创办企业、建立科技孵化园和大学科技园等方式，产学研相结合，与相关行业形成互惠互利的共生关系，极大地推动了通信信息行业的可持续发展。学校在发展过程中关注与相关企业的联系，与中国移动、中国联通、中国电信三大运营商以及互联网 ICT 行业形成了密切可靠的合作关系。[①]

学校建设有国家重点实验室 2 个，国家工程实验室 7 个，省部级重点实验室 8 个，教育部工程研究中心 2 个，学科创新引智基地 5 个，国际科技合作基地 8 个，其他类基地 3 个。[②] 这些科研机构多与信息技术、国家信息安全相关，在推动科学技术研究及转化过程当中发挥了重要的主体作用。

北京邮电大学科技园是科技部和教育部联合认定的 69 所国家级大学科技园之一，在创新资源聚集、成果转化和科技企业孵化绩效等方面形成了非常显著的效果。BUPT 在深圳、无锡、天津建立了信息产业科技园，加强高校与当地政府、高新企业的联系，推进技术成果转化和应用。北京邮电大学与有关机构、企业签署合作协议，做出向创业型大学发展的有益尝试和探索。在科技创新和技术转化过程中，高校与企业、政府协调融合，互动共赢。经过多年的积累和发展，据不完全统计，由教授、重点学科带头人引领创立的公司已达数十家，对于加速科学技术成果的转化和实践应用效果明显，盈利的公司又不断注入资金助力公司成长，形成良性的发展循环，带动了创业公司

---

① http：//kyy.bupt.edu.cn/business/w10013/articleList2.do? upColumnId=6&columnId=51。

② 科研基地-北京邮电大学（bupt.edu.cn）。

和学校重点学科的发展，推动了区域创新系统的快速成长。

北京邮电大学与企业在"优势互补、平等互利"的原则下，结合企业与学校的优势和特色，合作共建校企科研型联合实验室。目前学校已建设 31 个与企业联合的科研型实验室，充分发挥高校科研与市场灵活需求相结合的优势，积极搭建高校和企业双受益的非实体性科研平台。

6.2.2　BUPT 创业实践的特征

高校与产业的天然联系体现在很多方面，首先在于大学建立之初对产业发展需求的回应。以北京邮电大学为例，该校成立之初就适应了当时我国经济社会对于通信、邮政产业发展的需求，并在此基础上逐步发展壮大。可以说，学校从诞生之日起就与相关产业、行业的发展紧密地联系在一起了。

随着邮电分营和企业改革，北京邮电大学在脱离邮电部归入教育部之后，继续延续自身与三大运营商和邮电企业的紧密关系，注重加强联系与合作，密切关注企业发展需求。随着近几年"互联网+"的发展，BUPT 关注和建立与信息、互联网相关企业的联系，为互联网企业培养所需人才，推进技术转移和转化。北京邮电大学开始了向创业型大学转型发展的实践探索，主要呈现出以下几个特点。

6.2.2.1　注重创业创新人才培养

自建校以来，BUPT 就非常重视学科建设和人才培养相结合，把培养具备创新意识和创新能力的人才作为学校的核心任务之一。

在创业创新人才培养方面，学校从多个层面着力推进。在组织层面，学校成立了由书记和校长任组长的创业工作领导小组，制定并发布了《北京邮电大学创业工作实施方案》，将"就业指导中心"更名为"就业与创业指导中心"，综合协调学校创业工作和创业活动，另增设专人负责开展学校的创业工作。

在组织活动方面，一是通过组织系列创业公开课、互联网创业沙龙、创业讲座等活动，在校园内全面宣传创业理念，营造浓厚的大学创业氛围；二是依托当前"互联网+"时代的发展洪流，开展"互联网+"创新创业大赛，选拔重点扶持创业团队，树立创业典型，形成以点带面的工作格局；三是进一步加强调研学习、参观交流活动，为学生创造了解创业企业、学习创业知识、熟悉创业过程的良好机会，为有创业潜质的学生开展创业活动打下良好基础。在活动中推进团队创业活动，有两支学生创业团队进入全国百强行列，并斩获银奖。

在平台构建方面，学校积极搭建平台，助力学生创业。第一，通过建立

"创业小伙伴人才库"，将学校有创业热情和创业潜质的学生聚合在一个平台，使得人才库中的成员可以互相交流并组建团队，目前人才库已有成员 112 人。第二，学校不定期组织各种项目及路演活动，为创业团队提供项目展示的机会，并邀请知名创业导师和投资机构进行指导。第三，加强师资队伍建设，培养聘任了 30 余位 KAB 讲师和创业指导教师，为开展创业指导工作提供保障。第四，加强物质保障，学校以建设北京地区高校示范性创业中心为契机，着力完善扶持学生创业的各项措施，筹措各类创业工作经费 100 余万元，用于扶持创业团队开展创业工作。此外，学校还通过校企合作的方式，首次设立了创业奖学金，用于奖励在创新创业活动中表现优异、成绩突出的创业团队。

学校注重利用自身特色，提升创业水平。在项目选择上，结合学校学科特点和学生特点，重点打造与互联网产业相关的创业项目；着眼青年一代创新创业人才培养，启动"U20 计划"，每年在全校范围内选拔 20 名 20 岁以下的学生组成试点班，试点班的学生适用特别的教学培养计划，进行特殊培养；积极整合校内外资源，启动"百导计划"和"百团计划"，三年内聘任一百位知名学者、企业家、优秀校友、投资人等作为高校创业导师，为在校生创业团队提供创业指导和创业环境支持，三年内重点扶持一百个创业团队，积极打造创业圈集群效应。

6.2.2.2 整合创业项目，着力向创新实践平台建设倾斜

学校积极推进学生创新创业成果的展示和交流，打造品牌特色活动。大学生创新性实验计划是国家教育部"质量工程"的重要组成部分，自 2007 年开始，BUPT 成为首批 60 所国家大学生创新性实验计划项目高校之一。北京邮电大学连续七年举办"大学生创新实践成果展示交流会"，成为我国唯一一家连续开展此项工作的高校，每年的展会已成为学校的品牌特色活动。学校建设有大学生创新创业计划训练平台，组织国际"互联网+"大学生创新创业大赛等活动，经过长时间的开拓进取，形成了"小鱼前游，大鱼护航"的创新教育理念，建设了"1 个北邮 WIN 创新创业实践基地+14 个特色分基地"的支撑实体，1 个 WIN 创新创业实践基地，按照学科和领域分别下设 14 个特色分基地：嵌入式系统与智能创新实践基地、信息与通信创新实践基地、语言实验教学创新实践基地、IE 创新实践基地、EE 实创创新实践基地、电路与控制创新实践基地、七维创新实践基地、机电创新实践基地、物联网工程创新实践基地、数理创新实践基地、软件与网络创新实践基地、信息学与数据计算创新实践基地、企业经营与电子商务创新实践基地、马克思主义与社会发展创新实践基地。创新创业项目涉及领域包括机器人、人机交互、移动互

联网、网络应用、智慧校园、物联网、机电设计、图像识别、软件设计、创意设计和理论研究等多个方面，形成了"探索、执着、宽容、卓越"的特色校园创新文化。

学校通过设立大学生研究创新基金，开展大学生创新性实验计划立项建设，建立创业联盟，积极推进大学生创新性实验计划，为学生的创新实验提供实践平台和各方面的支持，着力培养学生的创新意识和动手实践能力。参与大学生创新实验计划的学生还积极参加电子设计、数学建模、高等数学、大学物理、物理实验、信息安全、物流设计、电子商务等各项学科竞赛，取得了优异成绩。

6.2.2.3 积极与区域创新转化机构实现对接

学校积极与区域创新转化机构实现对接，BUPT所处的中关村地区是我国高新技术孵化转化的先导区域，在中关村创业大街，北京市政府设立了北京高校大学生创新创业服务中心，专门为北京高校大学生的创新创业提供服务。该中心于2016年3月投入试运行，主要职能体现在为该区域大学生创新创业提供政策咨询、辅导，实现资源整合、展示宣传、开展创新创业研究，为高校、企业与创业学生提供可交流共享的精神家园。在机构中，大学创业者可以详细了解到国家、区域政府部门发布的有关创业支持政策、文件。该中心负责收集区域大学生在创新创业、辅导培训、融资交流、孵化服务等方面的需求，搭建平台，实现信息共享，推动交流；为大学创业企业的注册和相关手续的办理搭建服务平台，建立成功企业家、天使基金投资人、创业服务机构等社会资源与大学创业者产生思想碰撞、资源对接的平台；开展有关区域创新创业方面的会议、展览、论坛等；为大学创业教师提供更多了解商业模式、形成市场思维、积累创业经验的平台。学校与政府举办的创业促进机构紧密联系，形成推动区域创新的合力。

7 区域创新系统中创业型大学的组织生态学分析

发展已经成为时代的主题，创新成为推动创业型大学繁荣发展的重要推动力量，也体现了高等教育创造性发展的特征。知识资本时代，创新和创业是当今社会转型甚至是人类文明的新变化给大学提出的历史性诉求，在这一背景之下，创业型大学已然成为当代研究型大学一种新的发展模式，代表了大学对时代诉求的回应。

在区域创新生态系统中，传统的基本生产要素——土地、劳动力和资本不再是高科技产业发展的核心，开始让位于知识技术要素，知识经济促成了知识技术作为区域发展过程中核心动力要素的形成。在区域创新生态系统中，三螺旋创新理论对创业型大学、政府和企业之间的关系进行了科学有效的分析，解决了三大主体角色定位的问题，但对于如何形成一种"共赢"的合作观念、合作关系的具体构建及维护等问题尚缺乏有效的支撑。基于组织生态理论，对创业型大学内外部组织行为进行分析，构建高效灵活的区域创新生态系统，具有一定的适切性，为国家创新体系的搭建提供一种新的解决思路。

7.1 创业型大学内部行为变革的关键节点分析

创新驱动发展下的创业型大学已经成为推动区域创新生态系统的动力源。在这样的时代背景下，创业型大学如何保持积极向上的心态，在愈发复杂的环境中求得发展，如何更好地推动区域经济社会发展，成为我们聚焦的问题。从创业型大学在区域创新系统中行为发展的现实来看，作为组织生态系统中的动力主体，创业型大学内部的发展呈现以下趋向性变化。

7.1.1 培育创新文化，统一创业价值观

创业型大学首先应当具有统一的、认同创业创新的价值观，能够将其内化为学校的办学理念，并在学校办学的各个环节和过程中予以体现。世界一流大学的形成基本遵循着两条发展路径：一种是大学具备深厚的历史积淀，通过漫长的岁月磨砺逐步发展形成，如美国的哈佛大学，英国的牛津大学、

剑桥大学；另一种则是依靠先进的、符合时代发展的办学理念，在较短时间内完成了大学的跨越式发展。

大学的发展不一定要遵循统一的发展模式，创业型大学推崇大学的科技成果与产业发展的紧密结合，并通过对国家、区域经济发展的推动，反哺大学，获得更大的发展动力。创业型大学通过在校内形成认同创业、鼓励创新、推崇积极有效地参与产业发展和经济活动的价值观，抽象凝练出恰当的大学办学理念，推动学校的可持续发展。创业型大学在培育创新文化、形成统一创业价值观的过程中，要积极营造推进产业集群发展和区域创新的环境。

7.1.2 形成对创业组织资源的整合管理

创业型大学内部创业组织管理模式已基本成熟，有横向、纵向管理的不同模式，能够加强创业组织资源之间的整合，推进组织之间的互动交流，形成创新合力。创业型大学应当具有广泛的学科基础、综合性的学科基础和强大的科技研发水平，才能推动创业型大学聚焦科学技术前沿，形成交叉综合研发能力。如果一所大学过于狭隘地集中在少数学科技术领域的发展，在一定程度上会阻碍创业型大学的可持续发展和创新能力的提升。在创业型大学内部形成创业资源的整合管理，集中优势推进区域产业集群的发展，是推动区域创新系统形成的有效途径。

创业型大学在发展过程中已经形成了多层次、多领域的创业资源纵向管理模式。比如美国的麻省理工学院，其技术转化的重点集中在生物医药、电子信息、新材料等领域，其技术转移的二级机构也按照专业领域进行划分，开展技术转移和实践转化的一系列管理与服务。在此过程中，大学在组织层面对学校创业资源、创业组织统合管理，形成科学的管理模式，对于推动创业型大学的发展极为有益。

7.1.3 对技术成果转化评估做出科学判断，推进内在创新机制建设

大学的发展与其能否契合社会转型的时代要求紧密相关，适应人类文明发展的新要求、形成开放灵活的发展模式是创业型大学发展的可行选择。在发展进程中，创业型大学对大学科研技术成果的转化进行科学评估，对其所具有的实践和商业价值进行科学有效的判定，需要在大学内部形成创业的内在动力机制。部分创业型大学已经形成了广泛的、扎实的基础科学研究到实现知识资本化的一整套实施体系，建立了可依据的评测标准和评估体系，形成了知识产权保护和知识资本实现的基本模式。此外，其市场和政府的监督机制也相对成熟。

以往大学科技成果的价值大多以项目所获得的科研经费、发表论文的级别和数量、项目参与人员的级别和学术地位等指标来判定，这样的评价体系仅仅是在学术或者技术层面进行判断，一定程度上忽视了科学技术的实践效用和市场价值。这样的评价导向使得研究型大学内部科研与实践工作脱节，科学技术的转化远没有上升为能够推动大学发展和区域创新的自觉行为。因此，在创业型大学发展过程中，形成紧跟社会转型要求的科技创新理念，推进大学创业的内部系统建设，建立有效的评价实施体系非常必要。

7.2 基于组织生态理论的区域创新系统中
三大主体的行为选择分析

组织生态理论的研究重点体现在组织变革的动力性因素分析和组织自身变化两个层面，强调组织的成长需要增强适应性和灵活性，组织应该更多地朝向有利于适应系统发展的方向变革。组织生态网络的形成，其核心价值在于将具有不同属性、不同价值体系、呈现不同功能的各类组织统一到具体的系统发展目标之下。区域创新生态系统的构建就是将分处于知识技术创新资源生产阶段的大学、创新组织实践阶段的企业以及社会管理服务机构融为一体，将知识领域、产业领域和管理服务领域三力合一，推动三者之间的协同与进化，统一为推动区域社会发展、提升经济水平和创新竞争力的区域发展目标服务。要形成区域创新的合力，其重要基础在于打破传统的边界，包括学科边界、行业边界、地域边界、观念边界等，并建立起新的管理、教育和社会运作机制，这就要求大学、政府和企业转变传统的角色定位，树立平等、合作、共赢的理念，发挥自身优势，积极参与到组织生态网络的创新系统中。

在创业型大学的发展过程中，大学发展的驱动力变得更为复杂和多元。首先是政府公共政策的变化使得大学在发展中受益。公共政策的调整在一定程度上释放了对高等教育的控制和约束，并从政策角度激发了大学开展创新和技术转化的活力，从政策层面促进了创业型大学的技术转化，鼓励发展新型的大学和产业合作模式，并在一定程度上推动了创业型大学资金来源的多样化。其次是在公共政策调整之下，大学的评价体系开始发生调整和变化。大学的评价体现在两个层面，一是社会对于大学的评价发生了变化，政府、产业和社会希望大学能够更加灵活、积极、快速地对社会需求做出反应，对经济发展承担相应的责任，提高创新和技术转化的效率及能力；二是反映为大学内部的评价体系发生了变化，大学的发展不仅是培养人才、开展科学研究，更多的指标开始倾向于大学对社会经济发展所做出的贡献。这两种变化直接导致区域创新系统中三大行为主体的行为选择也发生了适应性变化。

参照三螺旋理论和组织生态理论，我们不断审视大学在区域创新生态系统中与其他创新主体的合作行为和合作边界，思考作为一个创业型大学需要做什么，应该尽到什么样的责任。在此基础上，创业型大学、政府和企业不断地尝试和努力，形成共识。

7.2.1 创业型大学的行为选择——成为区域创新的核心和引领者

在区域创新系统内部，创业型大学带领着整个市场的创业创新，是区域创新的风向标，与区域各组织之间的互动对推动整个区域的创新发展、实现区域的创新成果转化与实践发挥着重要的作用。作为区域创新生态体系中的重要行为主体，创业型大学是区域创新的核心主体和引领者，在理念创新、人才培养、知识技术外溢、创业文化的推动等几个方面的作为决定了其在区域创新生态体系中的作用和作为。

创业型大学应进一步加强理念创新，成为区域创新概念、发展理念、新技术研发、新思想萌生的摇篮。创业型大学在理念创新方面具备天然的优势，其本身具备的资源、追求的目标及享有的机制决定了能够为新生的理念、概念、想法提供付诸实现和实践的可能。创业型大学内追求知识传承更新、具有创新思维的教师，不断追求科技进步的科研团队，以及不断更迭补充的学生，都成为创业精神的实践者和传承者，他们为区域提供了符合时代进步的新理念、新思维，拓展了区域发展的路径。

创业型大学以推动区域创新发展为目标，结合企业和社会发展需求，不断调整人才培养模式，为区域提供可持续的、具有开创思维和创新胆识的人才梯队。创业型大学重视学生创新创业意识的培养，可以提供成体系的创业课程，系统开展相关培养，设立专门的机构组织创新创业项目和活动；通过科技园区、孵化器等模式提供技术研发的实践平台。很多学生在大学学习期间就有机会参与到创业教育的项目中，通过参与部分创业活动，在实践中得到锻炼和提高，把创建公司作为自身事业发展的最高理想，这些人力源源不断进入社会，不断充实到区域产业、政府的各个组织中。

创业型大学通过知识技术外溢，实现对区域创新生态体系的推动。创业型大学通过将自身生产的知识、技术通过授予专利、出售和转让知识产权，实现与企业的技术研发合作，建立孵化器、形成科技园区、自己开办公司等途径实现与企业和政府之间的交流互动。在三个行为主体复杂的互动中，彼此关系的实质就是推动知识技术的外溢，使其不再是单纯的科学研究，而成为区域发展的关键。

创业型大学对于区域创业文化的形成和推动具有非常重要的作用。创业型大学作为区域知识生产、传承和集聚机构，交流各种创新型的文化，某种程度上能够给市场带来一股风潮，掀起大家对创业文化的热情，引领推陈出新、敢于实践、勇于承担、风险共担、合作共赢的价值文化体系。

7.2.2 政府的行为选择——成为创新机制、平台搭建者和主体之间的协调者

政府在区域创新生态系统中兼具公共管理与服务职能，为整个区域提供政策引导、平台搭建和公共服务。区域创新生态系统的建设有赖于政府不断提高公共管理与服务能力，满足社会的创新需求，保障良好运转。政府应该成为区域创新机制和创新平台的搭建者，成为各个创新主体之间的有效沟通协调者。

在区域创新生态建设过程中，政府往往占有主导作用，政府一般会扶持国家发展需要的行业进行投资和宏观调控，为这些基础理论的研究者提供支持，营造一个创新科研的环境。政府可以向区域提供包括税收、资金资助、项目投资，以及创业创新政策法规、创新园区和网络建设以及主体之间交流沟通的平台等多重服务。在区域中形成良好的创新循环系统之后，政府可以再次推动形成新的产业集群和经济增长点，推动知识技术溢出效应的实现。

政府对于区域创新政策的制定体现在产业发展、企业管理、人才引进、技术和信息交互流动等多个层面，创新政策不仅涉及技术问题，更多的是组织和管理问题。在区域创新生态系统中，政府应当依托与大学的合作，探索培养创新创业的复合型人才，多方探索完善创新人才激励和评价体制，鼓励技术要素资本化，激励更多的科技成果产出和实践转化；进一步加快对创业平台的相关扶持。有效的公共创新创业平台可以推动大学、科研机构和企业之间的交流互通，节约和有效利用社会资源，提高区域创新水平。

7.2.3 企业的行为选择——成为区域创新的实践者和加速推动器

企业作为区域创新生态系统中创业创新实践的落实主体，在创新活动和创新项目投入方面发挥着重要作用，应该成为整个区域创新活动的实践者和创新加速器。

企业要加强与创业型大学和政府的合作，建立区域创业联盟，为大学开展技术转化建立开放的、可拓展的专业化研发转化平台，提供优质技术配套设施和高品质的转化管理与服务，搭建规模化的融资流转平台，建设开放的市场网络平台、高端人力资源交流平台以及信息交互平台，推动产业集群

发展。

在激烈的市场竞争中，企业应该保持对于风险投资的勇气，加强企业风险项目与大学、产业集群之间的联系；推进完善风险投资项目的支持服务和实践行动，建立一系列促进科技创新和科研成果产业化进程的机制，为大学的技术转化提供全方位的支持。

7.3　区域创新生态系统形成分析

7.3.1　构建动态发展、协同共生的区域创新生态系统

从组织生态理论的视角来看，区域创新生态系统的内在机制类似于生物存在与环境系统的关系，由主体、资源和环境要素组成，系统内各组织之间相互联系、影响和制约，在动力、信息、资源等方面发生交互作用。整个区域创新生态系统健康有序、平衡有度、和谐共生是系统内各主体共同追求的目标。

区域创新生态系统中各行为主体及其相互之间的联系随时都在发展变化，系统中流动的生产要素以及知识、信息等也在不断更新，呈现出动态发展的特征。协同进化是区域创新生态系统的核心目标，创业型大学、政府和企业构成的创新生态系统各组织成员之间相互关联、彼此影响，为了适应不断变化的社会环境，三大主体在经济、文化、技术等各个层面形成关联和交流，信息共享，利益共享，共同创造，在合作与竞争中协同发展。区域创新生态系统中的每一个主体组织，无论规模大小，实力强弱，彼此平等独立，通过相互交流与合作形成从战略、利益到资源、能量上的共同发展。

从组织生态理论出发，可以将区域创新生态系统划分为创新动力机构、创新资源、服务组织和创新管理四个相互关联、相互协调的组成部分。区域创新生态系统包含五个创新子系统，分别是以大学科研机构群落为依托的创新动力系统，以企业为主体、产业技术创新为重点的企业群落技术创新实践系统，以促进知识技术转移为目标的创新服务系统，以制度创新和环境建设为重点的政府部门宏观调控系统，以政府投入为引导的社会多元化投入系统。以大学群落、政府群落和企业群落为主体依托的五个子系统在政府引导、市场激活和大学参与的机制下相互作用，相互联系，在市场和价值信息传递系统、创新环境平台以及创新主体平台的共同支撑下，形成内部协调发展、高效运转的区域创新生态系统，具体如图7-1所示。

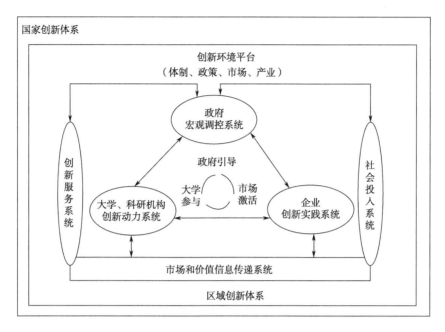

图 7-1　区域创新体系

资料来源：研究者自制。

区域创新生态系统置身于国家创新体系中，是国家创新体系的重要组成部分。区域创新生态系统的组织架构和协同运转呈现动态的复杂变化，以创业型大学、政府和企业为主体所形成的区域创新生态是一个复杂的、动态发展、协同共生的系统，彼此之间相互作用，互利共存，资源共享。

7.3.2　区域创新生态系统的特征分析

基于区域创新生态系统中的内外部组织行为分析，构建动态发展、协同共生的区域创新生态系统是提升区域创新能力、实现创新驱动的有效途径。在区域创新生态系统构建过程中，呈现出以下一些特征。

7.3.2.1　各主体呈现动态开放的生态架构

区域创新生态系统由数目庞大的企业、提供核心创新动力的创业型大学以及各级政府组织，连同其他各种层次、类型的服务中介机构彼此交互、相互作用而形成。各主体之间互利共存，信息彼此交互，资源有序沟通共享，形成了有序的创新生态系统。系统中各行为主体和彼此的互动联系在不断发展变化，资源、信息和组织架构会随着市场需求及国家发展战略的需求而变化，因此各组织主体之间呈现出动态开放的特征，实现资源的重组和再生。

7.3.2.2 各主体形成协同进化、合利共生的关系

在区域创新生态系统中，各主体之间无论规模大小，实力强弱，都是平等、独立的组织，彼此之间没有确定不变的契约，不存在支配和依附关系，各行为主体以独立、平等的身份为推动形成区域创新系统服务。

在区域创新生态系统中，政府主要是创新政策、制度保障的提供者；创业型大学发挥创造动力和主体功能，加强创业信息流动，推进知识技术转化；企业则主要是实现知识技术的实践应用，进行产业升级。创业型大学、政府和企业在彼此的合作竞争中协同发展，各主体通过组织功能的调整和变革，形成良性循环、共同发展的创新整体。通过创新，各主体的创新创造能力、技术转化和实践应用水平、管理服务能力都得到整合与提升，区域和国家的创新能力得到增强，创业型大学提升了人才培养、科学研究以及知识技术的创新转化职能，企业提升了生存能力和市场竞争力，形成了产业集群，实现了整体系统协同进化、合利共生的目标。

结束语

基于对创业型大学概念、特征的理解和剖析，从组织发展的系统层面梳理创业型大学在区域创新生态系统中的内外部组织行为，分析大学、产业和政府三者的关系及角色定位，结合国内外创业型大学开展实践探索的案例研究，我们不难发现在创业型大学发展中所反映的普遍性价值和趋向。

（一）几点启示

第一，创业型大学的成长反映了现代大学对于社会转型发展时代性诉求的回应。

创业型大学所倡导的勇于创新、敢于实践、承担风险、利益共享，建立大学与社会产业发展的密切关系，注重科技研发成果转化的实际效用，将知识技术生产创新与产业发展紧密结合等精神，在大学发展进程中彰显了强大的生命力，应该得到大家的认同和肯定。创业型大学自身的存在与创新天然地联系在一起，是一种自发的、自下而上、自内而外的自我生长与创造的过程。创业型大学的发展是大学作为知识生产机构本能的一种延伸，是大学对于社会使命和责任感的时代体现。新时代，创业型大学与社会其他机构之间的交互作用不断增强、创业型大学内部组织和制度的不断创新体现了在区域创新生态系统中相互合作推进的态势。通过创新驱动，创业型大学与其他组织之间越来越密切的建立联系，这都是组织生态系统的整体展现。

第二，建立优化资源和信息传导机制，促进区域创新生态系统中各主体的有效联结。

区域创新生态系统的建设不仅是创业型大学、政府和企业之间单纯的项目合作以及资源交流问题，区域创新生态系统的构建要实现国家政策要素、创新要素和实践要素之间的整合，需要三大主体之间在信息、资源、模式各方面加强联盟与合作，为实现区域社会和经济发展的目标而共同努力。在各要素整合的过程中，要建立优化资源和信息传导机制，促进区域创新生态系统中各主体的有效联结，使知识技术资本化在区域创新生态系统中得以实现。

从创业型大学的内外部组织行为来看，资源和信息的传导、资本和市场价值的流动是区域经济实现创新发展的基础，传导系统的有效和通畅能够推进系统中各要素的整合和连接。创业性大学、政府和企业之间的资源、信息快速传递，激活创新要素转化为实践应用，能够推动区域创新生态系统价值的有效发挥。

第三，区域创新生态系统建设有赖于创新主体的共同作用和推动，有赖于区域创新机制长久效用的发挥。

大学、政府和企业作为区域创新生态系统的三个行为主体，彼此之间螺旋往复的融合推动，才可以实现整个区域的创新发展。一个以知识技术为基础、以创新推动为发展核心的区域，应当具有自身独特的高科技产业优势和集群特征，区域内各种生产要素和区域内的知识技术生产者"大学集群"的发展相辅相成，共生共荣。只有跟随区域创新系统社会结构的发展，创业型大学才能够有效地发挥其推动社会经济增长的作用。

创业型大学所发挥的知识生产和技术扩散作用构成了推动整个区域创新生态系统发展进步的核心动力，以此为主体的系统形成了产业集群生态。大学的创业创新、系统内资本的投入和运作、企业的技术革新和实践、商业运营、区域政策的制定和创新环境的营造，在区域创新系统的形成和发展中都成为不可或缺的要素，这些要素之间彼此依赖、相互影响。20 世纪末至今，大学、政府和产业部门之间互惠共生的关系得到了进一步发展和加强，创业型大学在区域创新生态系统中成为核心部分，已经自然地融入区域创新生态系统的建设乃至经济全球化的过程中。产业集群的形成是一个区域系统行为的体现，是政府、大学和多个企业共同努力建构的结果。区域创新生态系统内的三大主体分别担负了区域内调控、原始创新和创新实践的职能，形成了基于市场和价值信息传递系统的创新平台。以市场需求为基础，政府加强引导和管理，由大学科研机构组成创新动力系统，企业作为创新实践系统，配以创新服务和社会多元投入系统，形成区域创新生态系统。

（二）对我国创业型大学建设的思考

尽管各国管理体制不同、文化传统各异，但世界各国的大学在区域创新方面保持着一致的步伐。为社会提供优质教育资源，推动区域乃至国家社会经济发展成为新时代大学发展的共同追求。创业型大学非常重视理论知识与实践相结合的理念，让创新转化成实际的生产力。在此基础上，创业型大学除在同类高等教育体系内保持其特有竞争力之外，进一步加强与产业和政府的合作，形成创新战略联盟、建设区域创新文化、加强区域协同创新是创业型大学共同的选择。

我国初有萌芽的创业型大学在创业资源整合、创业组织管理模式方面还处于探索阶段。从某种程度上讲，在创业组织的设置上，我国大学的机构更多带有传统行政管理的色彩，更多的是承担信息交互和规范管理职能，其服务和整合功能仍有较大的发展空间。我国大学的创业管理机构的管理职能大于服务功能，还没有形成一套科学的知识技术转化评测标准，对技术转化市场价值的把握也远没有形成规范的评估和测量体系。当然，我国部分大学在校内组织文化建设以及大学生创业实践方面有其独特之处，大学服务行业、引领行业发展的办学理念独具特色，校内各种创业平台和大学生创业项目快速提升，反映了我国具有创业趋向大学的初步发展。当前，我国大学对于相关优势学科建设和实践研究已有一定的积累，对相关产业提升转型和实践转化发挥了一定的推动作用，未来在形成区域产业集群方面，我国创业型大学还应有更多努力和作为。

从现实发展来看，我国已经开始从国家层面做出回应和推动。2016年2月17日，国务院常务会议确定支持科技成果转移转化的政策措施，促进科技与经济深度融合。此次会议出台了五项政策，为科技成果转移转化"松绑"[1]，鼓励国家设立的研究开发机构、高等院校通过转让、许可或作价投资等方式，向企业或其他组织转移科技成果，并享受新的政策，以调动创新主体积极性。一是自主决定转移其持有的科技成果，原则上不需审批或备案，鼓励优先向中小微企业转移成果，支持设立专业化技术转移机构。二是成果转移收入全部留归单位，主要用于奖励科技人员和开展科研、成果转化等工作，科技成果转移和交易价格要按程序公示。三是通过转让或许可取得的净收入及作价投资获得的股份或出资比例，应提取不低于50%用于奖励。对研发和成果转化做出主要贡献人员的奖励份额不低于奖励总额的50%。四是科技人员可以按照规定在完成本职工作的情况下到企业兼职从事科技成果转化活动，或在3年内保留人事关系离岗创业，开展成果转化。五是将科技成果转化情况纳入研发机构和高校绩效考评，加快向全国推广国家自主创新示范区试点税收优惠政策，探索完善支持单位和个人科技成果转化的财税措施。几项措施从不同的角度对推动我国科技成果转化提出对策，充分尊重科研单位的主体地位，尊重科研创新的自主权，进一步明确科技成果转移转化的利益归属。政策中突出提出的两个"50%"主要是充分调动科研人员的积极性，保证科技研发人员充分享受发明专利的"获得感"，给予后续保障，解除他们的后顾之忧，同时从考评机制上支持科技成果转移转化，一并给予财税支持。2019年我国教育部党组印发《关于抓好赋予科研管理更大自主权有关文件贯

[1] http://www.zqcn.com.cn/html/2016/ggycwhy_0218/847409.html. 2016-03-01.

彻落实工作的通知》，对完善科研管理制度、落实科研管理自主权、优化管理服务、加强诚信建设、改进工作机制、完善监督机制等做出明确规定。在系列宏观政策的积极推动下，相信我国的大学会迎来又一个发展的春天。

在区域创新的系统工程中，创新过程远比最初的想象复杂得多。创新活动并不是简单的线性发展，有可能起始于系统中的任何环节和组织。创新驱动的今天，应该充分认识到，创新并非一个轻而易举、投入之后就能有可预期回报的过程。创新的过程充满了不确定性、未知性和失败的风险，也正因为如此，创新吸引着勇敢者们不断地尝试。区域创新生态系统的建设仅靠系统中的某个组织，系统力量的发挥远远不够，还需要区域内相关组织系统的支持、联动，辅以有效的管理和政策制度保障。要保障内部创新造血功能完备，流通顺畅；具有宽容、认同创业风险、接受社会发展曲折向前的区域创新文化；具备让创业组织获得有效修整、发展的空间和设施等。

经过多年改革开放，我国经济增长已从"要素驱动"开始转向"创新驱动"，新的创新模式呼唤创新机制的调整和创新。希望源自创新，在建设和培育区域创新系统，推动大学、产业和政府协同创新机制形成的过程中，我们应当明晰和重新审视创新的本质，在全社会营造鼓励创新创业的社会氛围，健全有关的法律体系，实现创业型大学的创新元素、企业的创新需求、政府的创新平台之间的可持续对接。创新与经济接轨，与市场共舞，三大主体发挥创造驱动作用，在合作中共赢，在发展中聚合，共同迎接所面临的困难和不确定性，以昂扬勃发的生机推进区域的创新发展。

参考文献

中文参考文献：

[1] 斯科特，戴维斯．组织理论：理性、自然与开放系统的视角［M］. 高俊山，译．北京：中国人民大学出版社，2011.

[2] 英费特，等．教育组织与管理［M］.韩延明，韩东屏，译．济南：山东教育出版社，1992.

[3] 古尔德．公司文化中的大学［M］.吕博，张鹿，译．北京：北京大学出版社，2005.

[4] 克拉克．高等教育系统［M］.王承绪，徐辉，等，译．杭州：杭州大学出版社，1994.

[5] 克拉克．大学的持续变革：创业型大学新案例和新概念［M］.王承绪，译．北京：人民教育出版社，2008.

[6] 克拉克．建立创业型大学：组织上转型的途径［M］.王承绪，译．北京：人民教育出版社，2003.

[7] 维斯特．一流大学　卓越校长　麻省理工学院与研究型大学的作用［M］.蓝劲松，主译．北京：北京大学出版社，2008.

[8] 博克．走出象牙塔：现代大学的社会责任［M］.陈军，徐小洲，译．杭州：浙江教育出版社，2001.

[9] 罗德斯．创造未来：美国大学的作用［M］.王晓阳，蓝劲松，译．北京：清华大学出版社，2007.

[10] 埃茨科维兹．三螺旋：大学·产业·政府三元一体的创新战略［M］.周春彦，译．北京：东方出版社，2005.

[11] 埃兹科维茨，等．大学与全球知识经济：大学—产业—政府关系的三重螺旋［M］.夏道源，等，译．南昌：江西教育出版社，1999.

[12] 埃兹科维茨．国家创新模式：大学、产业、政府"三螺旋"创新战略［M］.周春彦，译．北京：东方出版社，2014.

[13] 姜照华．科技进步在经济增长中的贡献率的测算方法与提高策略［M］.哈尔滨：哈尔滨工业大学出版社，1996.

［14］格林伯格·巴伦．组织行为学［M］．范庭卫，等，译．南京：江苏教育出版社，2005.

［15］李建军．产学创新的平台［M］．南昌：江西高校出版社，2002.

［16］贾奇．组织行为学［M］.12 版．李原，孙健敏，译．北京：中国人民大学出版社，2008.

［17］库尔特．创业行动［M］．吴秀云，译．北京：中国人民大学出版社，2004.

［18］夏托克．成功大学的管理之道［M］．范怡红，黄少杰，译．北京：北京大学出版社，2006.

［19］美国科学技术政策办公室．改变 21 世纪的科学与技术［M］．北京：科学技术文献出版社，1999.

［20］阿罗诺维兹．知识工厂：废除企业型大学并创建真正的高等教育［M］．周敬敬，郑跃平，译．北京：高等教育出版社．2012.

［21］孙承武．聚焦全球十大名校：巨人摇篮［M］．北京：京华出版社，2003.

［22］王志强．研究型大学与美国国家创新系统的演进［M］．北京：中国社会科学出版社，2014.

［23］吴彤．自组织方法论研究［M］．北京：清华大学出版社，2001.

［24］马金森，康西丹．澳大利亚企业型大学的权力结构、管理模式与再创造方式［M］．周心红，译．杭州：浙江大学出版社，2007.

［25］莱斯利．学术资本主义：政治、政策和创业型大学［M］．梁骁，黎丽，译．北京：北京大学出版社，2008.

［26］夏之莲．外国教育发展史料选粹：上［M］．北京：北京师范大学出版社，1999.

［27］埃兹科维茨．麻省理工学院与创业科学的兴起［M］．王孙禹，袁本涛，等，译．北京：清华大学出版社，2007.

［28］徐仁辉，杨永年，张昕．公共组织行为［M］．北京：北京大学出版社，2006.

［29］布鲁贝克．高等教育哲学［M］．王承绪，郑继伟，张维平，译．杭州：浙江教育出版社，1987.

［30］吉布森，伊万切维奇，唐纳利，等．组织：行为、结构和过程［M］.14 版．王德禄，王坤，等，译．北京：电子工业出版社，2015.

［31］谷贤林．美国研究型大学管理研究［D］．北京：北京师范大学，2005.

［32］李建军．硅谷模式及其产学创新体制［D］.北京：中国人民大学，2010.

［33］李莉莉．创业型大学：斯坦福大学办学模式变革研究［D］.长春：吉林大学，2009.

［34］刘叶．建立创业型大学：管理上转型的路径［D］.武汉：华中科技大学，2010.

［35］彭绪梅．创业型大学的兴起与发展研究［D］.大连：大连理工大学，2008.

［36］任玥．美国公立研究型大学近三十年来的组织文化变迁：印第安纳大学案例研究［D］.北京：北京师范大学，2011

［37］田华．基于知识溢出的区域性大学发展研究［D］.杭州：浙江大学，2010.

［38］王梅．创业型大学：一个新的大学理念之践履［D］.兰州：兰州大学，2011.

［39］王雁．创业型大学：美国研究型大学模式变革研究［D］.杭州：浙江大学，2005.

［40］温正胞．创业型大学：比较与启示［D］.上海：华东师范大学，2008.

［41］夏梦梦．《莫雷尔法案》对于美国高等教育的影响研究［D］.上海：上海师范大学，2014.

［42］许晓云．国外创业型大学特征及成功因素分析［D］.武汉：华中师范大学，2010.

［43］张金萍．国外创业型大学的理论研究［D］.北京：首都师范大学，2008.

［44］张忠东．大学科技园在区域创新体系中的功能定位及发展对策［D］.天津：天津大学，2008.

［45］陈超．从学术革命透视美国研究型大学崛起的内在力量［J］.清华大学教育研究，2012（08）.

［46］陈霞玲，马陆亭．创业型大学的兴起与内涵：大学组织技术变迁的视角［J］.大学教育科学，2012（05）.

［47］崔艳丽，刘学坤．创业型大学：大学提高质量与追求学术成就的新模式［J］.黑龙江高教研究，2012（11）.

［48］郜晖．新经济时代创业型大学的概念及特征研究［J］.北京邮电大学学报（社会科学版），2015（03）.

［49］谷贤林．在自治和问责之间：美国公立研究型大学与州政府的关系［J］．比较教育研究，2007（10）．

［50］郭庆霞．《莫雷尔法案》的颁布对内战后美国高等教育的影响［J］．黑龙江高教研究，2011（05）．

［51］胡冬云．美国 AUTM 对我国高校科技成果转化的启示［J］．科技进步与对策，2007（01）．

［52］黄先智．美国科技政策的演变及特点［J］．云南科技管理，2003（16）．

［53］刘力．产学研合作的交易成本和动力机制：一种新制度经济学的分析［J］．当代教育论坛，2005（03）．

［54］刘力．学术价值与商业价值的冲突［J］．教育研究，2002（04）．

［55］刘力．政府在产学研合作中的作用透视：发达国家成功的经验（上、下）［J］．教育发展研究，2002（1，2）．

［56］马欣员．美国科技政策发展模式对我国创新型国家建设的启示［J］．延边大学学报（社会科学版），2014（01）．

［57］唐家龙，马虎兆．美国 2011 年创新战略报告评析及其启示［J］．中国科技论坛，2011（12）．

［58］童蕊．大学跨学科学术组织的学科文化冲突分析：基于组织分析的新制度主义视角［J］．教育发展研究，2011（13-14）．

［59］王雁，孔寒冰，王沛民．创业型大学：研究型大学的挑战和机遇［J］．高等教育研究，2003（03）．

［60］王英杰．大学学术权力和行政权力冲突解析：一个文化的视角［J］．北京大学教育评论，2007（01）．

［61］郄海霞．美国研究型大学对城市经济和产业的贡献［J］．清华大学教育研究，2007（12）．

［62］谢凌凌，张琼．大学组织冲突的诠释及冲突管理研究［J］．煤炭高等教育研究，2010（07）．

［63］宣勇，张鹏．论创业型大学的价值取向［J］．教育研究，2012（04）．

［64］易红郡．美国高等院校技术转移的成功经验初探［J］．比较教育研究，2002（02）．

［65］曾宁波．试论洪堡的高等教育思想［J］．外国教育动态，1991（06）．

［66］张鹏，宣勇．创业型大学学术运行机制的构建［J］．教育发展研

究, 2010 (09).

　　[67] 张振刚, 李林. 研究性大学学科布局的对称性及其构建研究 [J].
科研管理, 2003 (05).

　　[68] 赵中建, 卓泽林. 高校科研成果转化的美国路径 [N]. 中国教育
报, 2015-04-15 (11).

英文参考文献:

　　[1] CLARK. Creating entrepreneurial university: organizational pathways of
transformation [M]. Paris: IAU Press, 1998.

　　[2] FISHMAN, O'SHEA, ALLEN. Creating the MIT entrepreneurial ecosystem
[M]. London: Cambridge University Press, 2014.

　　[3] ETZKOWITZ, WEBSTER. Universities and the global knowledge economy
[M]. London: Routledge Press, 1995.

　　[4] SHATTOCK. Entrepreneurialism in universities and the knowledge economy:
diversification and organizational change in European higher education [M].
Berkshire: Open University Press, 2009.

　　[5] JARVIS. University and corporate university: the higher learning industry
in global society [M]. London: Routledge, 2001.

　　[6] SLAUGHTER, LESLIE. Academic capitalism: politics, policies and the
entrepreneurial university [M]. Baltimore, MA: The Johns Hopkins University
Press. 1999.

　　[7] MAJERSSON. The enterprise university: power, governance and reinvention
in Australia [M]. Sydney: Sydney University Press, 2000.

　　[8] ALLEN, O'SHEA. Building technology transfer within research universities:
an entrepreneurial approach [M]. London: Cambridge University Press, 2014.

　　[9] GRUDZINSKII. The university as an entrepreneurial organization [J].
Russian education and society, 2005, (01).

　　[10] NELSON, BYERS. Challenges in university technology transfer and the
promising role of entrepreneurship education [J]. Social science research network,
2013, (10).

　　[11] SPORN. Building adaptive universities: emerging organizational forms
based on experiences of European and US universities [J]. Tertiary education and
management, 2001, (7).

　　[12] CHAMBERS. The American university in Bulgaria as an entrepreneurial

university [J]. Higher education in europe, 1999, (124).

[13] WEST. Improving university technology transfer and commercialization [J]. Issues in technology innovation, 2012, (12).

[14] KIRBY. Entrepreneurship education: can business schools meet the challenge? [J]. Education and training, 2015, (3).

[15] ZILWA. Using entrepreneurial acivities as a means of survival: investigating the processes used by Australian universities to diversity their revenue streams [J]. Higher education, 2005, (50).

[16] ACWORTH. University – industry engagement: the formation of the knowledge integration community (KIC) model at the Cambridge – MIT Institute [J]. Research policy, 2008, (37).

[17] JAMIL, ISMAIL, MAHMOOD. A gateway to an entrepreneurial society [J]. Journal of economics and sustainable development, 2015, (6).

[18] GILL, GILL. Financial management of universities in developing countries [J]. Higher education policy, 2000, (12).

[19] ETZKOWITZ, WEBSTER, GEBHARDT, et al. The future of the university and the university of the future: evolution of ivory tower to entrepreneurial paradigm [J]. Research policy, 2000, (29).

[20] ETZKOWITZ. Research groups as "quasi–firms"? The invention of the entrepreneurial university [J]. Research policy, 2003, (32).

[21] ETZKOWITZ. The second academic revolution and the rise of entrepreneurial science [J]. IEEE technology and society, 2001, (02).

[22] NELLES, VORLEY. Entrepreneurial architecture: a blueprint for entrepreneurial universities [J]. Canadian journal of administrative sciences, 2011, (28).

[23] YOKOYAMA. Entrepreneurialism in Japanese and UK universities: governance, management, leadership and funding [J]. Higher education, 2006, (10).

[24] LEYDESDORFF, MEYER. Technology transfer and the end of the bayh–dole effect: patents as an analytical lens on university–industry–government relations [J]. Scientometrics, 2010, (3).

[25] GRAMESCU, BIBU. Organizational capabilities of the entrepreneurial university [R]. Joint International Conferences. European Integration–Realities and Perspectives Proceedings, 2015.

［26］ MALECKI. Boston's high – technology economy：from Route 128 to Genetown ［J］. AAG journal, 2008, 43 (1).

［27］ GUERRERO, URBANO. The development of an entrepreneurial university ［J］. The journal of technology transfer, 2010, (4).

［28］ JACOB. Entrepreneurial transformations in the Swedish university system：the case of Chalmers University of technology research policy ［J］. Scientometrics, 2003, (58).

［29］ RINNEAND, KOIVULA. The changing place of the university and a clash of values：the entrepreneurial university in the european knowledge society a review of the literature ［J］. Higher education management and policy, OECD 2005, (17).

［30］ ROPKE. The entrepreneurial university：innovation, academic knowledge creation and regional development in a globalized economy ［EB/OL］. (2013–10–20) ［2022 – 03 – 20］. http：//wenku. baidu. com/link? url = gCAhoALGHAJEcoVmFy-0io3Mf03UZCEiNZ – 6 – 2mim4ERUk7kikq4HcPkpEoEzTJ1cwZx50W6J2F0R74MLi-TEGcriZ4Z6aIS2U6eFM–kKSD3y.

［31］ GRIMALDI, KENNEY, SIEGELD, etc. 30 years after bayh – dole：reassessing academic entrepreneurship ［J］. Research policy, 2011, (40).

［32］ DEEN. Globalization, new managerialism, academia capitalism and entrepreneurialism in university：is the local Dimension still important? ［J］. Comparative Education, 2001, (37).

［33］ SMILOR, DIETRICH, GIBSON. The entrepreneurial university：The role of higher education in the United States in technology commercialization and economic development ［J］. International Social Science Journal, 1993, (45).

［34］ BRADLEY, HAYTER, LINK. Proof of concept centers in the United States：an exploratory look ［J］. Journal of Technology Transfer, 2013, (8).

［35］ SIEGEL, WESTHEAD, WRIGHT. Assessing the impact of science parks on the research productivity of firms：exploratory evidence from the United Kingdom ［J］. International Journal of Industrial Organization, 2003, 21 (9)

［36］ DIETRICH, GIBONS. The entrepreneurial university：the role of higher education in the United States in technology commercialization and economic development ［J］. International Social Science Journal, 2009, 45 (1).

［37］ ZAHARIA, GIBERT. The entrepreneurial university in the knowledge society ［J］. Higher Education in Europe, 2005, (4).

[38] ALLEN, O'SHEA. Building technology transfer within research universities: an entrepreneurial approach [EB/OL]. [2022-04-05] http: //dx. doi. org/10. 1017/CBO9781139046930.

[39] TRECHTER. The Wisconsin idea [R]. Survey Research Center Report, 2005, (5).

[40] STADTMAN, etc. Berkly at mid-century: elements of a golden age [M]. Berkeley: Berkeley Public Policy Press, 2002.

[41] MERIRA, ALBERTO, AMARAL. The entrepreneurial university: how to survive and prosperin an era of global competition [J]. Higher education In Europe. Vol. 24.

[42] PAPER. Realizing our potential: strategy for science, engineering and Technology [M]. London: HMSO.

[43] JONATHAN. The great American university: its rise to preeminence, its indispensable national role, and why it must be protected [R]. Public Affairs, New York. 2009.

[44] BIDEN. China's rise isn't to our demise [N]. New York Time, 2011-09-07.

[45] COMPTON. Report of the president [R]. Massachusetts Institute of Technology. Report of the Committee on Educational Survey.

[46] OLEKSIYENKO. The entrepreneurial response of public universities: Canadian society for the study of higher education [D]. Professional File, Summer from ERIC, 2002.

[47] MASSACHUSETTS INSTITUTE OF TECHNOLOGY LICENSING OFFICE. An Inventor's Guide to Technology Transfer at the Massachusetts Institute of Technology [EB/OL]. (2015-09-15) [2022-05-04]. http: //web. mit. edu/tlo/www/.

[48] MIT Technology-Policies and Procedures. Policy Guide, 2010, (6) [EB/OL]. (2013-05-09) [2022-05-10]. http: //web. mit. edu/policies/13/13. 1. html.

[49] An Inventor's Guide to Technology Transfer at the Massachusetts Institute of Technology [EB/OL]. (2015-06-19) [2022-05-15]. http: //web. mit. edu/policies.

后　记

"问渠哪得清如许，为有源头活水来。"我们始终走在记录、思考、追问与实践的路上，而在人类不断反思、为我们共同的未来做出决策的进程中，创新无疑是其中最为闪烁的要素之一。

国内外对于"创新"作为发展驱动力要素的重视出奇地一致。面对世界百年未有之大变局，进一步加快创新发展已经成为推动我国高质量发展的核心需要，创新成为构建我国新发展格局的需要，是顺利开启全面建设社会主义现代化国家新征程的需要。创新的世界已然扑面而至，每一个身处其中的个体和组织都无法回避这一现实，在创新推进、市场导向越发占据主导地位的今天，大学迸发新的活力，在不断创新变革中迎接挑战。通过这些年的变化和发展，我们不难发现：大学对知识生产、科学技术发展以及产业政策制定的重要性日渐突出，大学和科研机构逐渐成为知识和科学技术创新的核心部门，成为推动社会和区域发展的重要力量。

如同硬币的两个面，一面，大学传统的教学、科学研究和社会服务职能得到进一步巩固和扩展，大学教师、大学生积极投身创新创业，学校与产业发展的联系愈发密切，彼此之间形成良好的合作互利关系，共同推进技术革新和产业进步；另一面，技术的不断革新反过来推动和促进新知识、新学科体系的形成与发展，技术创新与知识体系架构互动发展形成多赢格局，进一步影响和催生大学模式的不断发展。

本书正是基于创新驱动引领时代发展，主要探讨创业型大学在区域创新系统中的独特作用，从大学组织行为角度深刻剖析创业型大学在创新驱动下的内外部组织行为，为在新时代敢于突破自我、不断探索的个体和组织在实践中持续创新提供启迪。本书受"中央高校基本科研业务费专项资金"资助（supported by "the Fundamental Research Funds for the Central Universities"），系北京邮电大学基本科研业务费科研项目"数字化时代工科高校思想政治教育质量评价标准体系建构"（编号：2021RC42）项目的研究成果。

每次翻看别人的论文或者书籍的时候，总是喜欢先读读前言或者后记，以此窥见一斑，体会每一位书写者不同的心路历程。今日自己要开始完成这个重要部分，内心竟是如此五味杂陈。本书的完成与出版得益于自己两段重要的人生历程，书中内容的大部分来自我的博士论文，书籍的出版则起于工作中众人的提携与相助。这两段经历都离不开北京著名的"新马太"地界儿。

此生与北师大的缘分始于二十五年前。那个美丽的秋天，怀着憧憬和激动第一次踏进北京师范大学校门，"学为人师　行为世范"的校训便深深地印在心底。七年心无旁骛的学习时光匆匆而过，毕业之后踏入一路之隔的北京邮电大学，忙碌于紧张繁杂的事务性工作之中，常常回想起在大学里的美好时光，留恋菁菁校园中的无忧无虑，怀念畅游学海之时的醇甜愉快，向往独立思考的悠然自得。这些久存内心的小小心愿，终于在我重回师大在职攻读博士学位时得以了却。

六年的时光倏忽而逝，在职读书的辛苦和不易也只有经历过的人才能够深深体会。在选题、撰写和修改过程中，曾经有过无数次的妥协和自我否定，曾经多次想要放弃，是一种坚持的信念，是来自大家的支持和鼓励让我走到现在。论文的撰写和图书的出版过程是一个使自己不断成长和强大的过程，这将是我人生中一段永生难忘的经历。

坚持一路走来，终于看到风雨之后的彩虹。借此之际，真诚地向所有帮助、关心和支持我的老师、领导、朋友和亲人们道一声谢谢。是他们给我点拨迷津，在迷茫中给予我指点和鞭策。是他们给予我最无私最真诚的鼓励和帮助，给予我最大的理解和支持，让我能够内心充满希望地不断前行。

人生就是一个不断攀登、自我修炼的过程，很难用得与失去做判断。从完成博士论文到今日交稿付印，时光倏忽又过六载。六年攻读、六年磨砺，转眼已是十二载岁月。我们无力驯服这奔腾向前的时光，但确应以思考、变化和创新做出与岁月的和解。磨砺与成长让我能够更加淡然地面对起伏与无奈，也能够更加坦然积极地迎接每一个崭新一天。很难忘记自己完成论文的那个晚上的情境，耳边也时常响起女儿小时候弹奏的悦耳钢琴声，伴随着她的成长，我自己也完成了一种人生的修炼。

书山有路勤为径，学海无涯苦作舟，也以此鞭策自己和小女，共同去欣赏人生的下一段风景。